湛庐CHEERS

与最聪明的人共同进化

HERE COMES EVERYBODY

CHEERS
湛庐

不安的孩子

[美]莫娜·德拉霍克 著
Mona Delahooke
李晨 戈云 译

Brain-Body Parenting

浙江科学技术出版社·杭州

测一测

如何找到孩子不安的“开关”？

扫码加入书架
领取阅读激励

- 当 3 岁的孩子出现哭闹行为时，以下哪种做法更能规范他的行为？（单选）

  A. 讲道理

  B. 激励或者惩罚

  C. 转移注意力

  D. 在沟通之前，先帮他的身体冷静下来

扫码获取全部测试题及答案，一起了解如何有效平复孩子的情绪。

- 大多数育儿书上的建议之所以在实际生活中时常无法奏效是因为：（单选）

  A. 忽视了孩子是独立的个体

  B. 改变旧有的育儿习惯非常难

  C. 忽略了孩子身体反馈的重要作用

  D. 忽视了孩子认知能力在不同阶段的不同特点

- 孩子做出的很多让父母血压飙升的行为其实是：（单选）

  A. 引发关注的手段

  B. 一种自我保护机制

  C. 不喜欢遵守规则的天性

  D. 一种先天而来的竞争意识

扫描左侧二维码查看本书更多测试题

致克拉拉，我的母亲，她的爱奠定了我的人生底色。

脑身联结是孩子所有行为的基础

当珍妮的声音从电话的另一端传来的时候，我就感受到了她的心烦意乱。

珍妮的儿子朱利安已经 4 岁了，她却逐渐失去了对儿子的耐心。在一次日常的购物中，两个人逐渐失控，最终在超市停车场演变成一场灾难，这件事让珍妮既愤怒又尴尬。

第二天一早，当珍妮坐在我的办公室沙发上回忆起这件事的时候，她的情绪依然非常激动。在带孩子方面，珍妮绝不算是新手。在成为一名母亲之前，她已经有 10 年的教龄，一直在教小学二年级的学生。在课堂上，珍妮表现得非常出色，获得过多个教学奖项。她的儿子朱利安是一个早熟的孩子，11 个月大的时候就学会了走路，到 1 岁生日的时候，就可以说出几句话了。但有时，朱利安很难控制自己的情绪，也拒绝听从指令。即使珍妮经常通过奖励的方式来规范他的行为，朱利安也经常难以遵守。

那天，当母子俩在收银台排队结账的时候，朱利安突然从架子上抓起一块糖果。

珍妮见状，对朱利安说："请把它放回去！"

但朱利安拒绝了珍妮的要求。此时，珍妮本能地启动了平时应对课堂教学危机时屡试不爽的"管教"模式：她先试着转移朱利安的注意力，但是没有成功；接着，她又告诉朱利安，如果不把糖果放回去，今天就无法获得平时每天都可以得到的奖励贴纸。虽然珍妮尽力保持温柔坚定，但是那天，她说得越多，朱利安就越不听话。

最后，朱利安突然崩溃了，啪的一声，猛地将糖果扔在了收银员的脸上。

"朱利安！"珍妮大声惊呼，"你真是太坏了！"珍妮赶快向收银员道歉，然后丢下购物车，抱起正在哭闹的朱利安走向停车场。到达停车场后，珍妮把朱利安扔进汽车座椅，随即自己也哭了起来。

"我简直不认识我自己了！"珍妮转天告诉我，"我觉得好内疚！"虽然那天珍妮指责朱利安"太坏了"，但是她了解朱利安，知道朱利安并不是个坏孩子。朱利安在平静的时候，是一个有爱、温柔又有礼貌的孩子。

为什么珍妮的努力没有让朱利安平静下来？为什么事情迅速向更糟糕的方向发展？珍妮还可以采取哪些不同的做法？几乎每一个抚养或照顾过孩子的人都曾经历和珍妮一样的时刻。作为一名从业超过 30 年的儿童心理学家，我遇到过无数像珍妮一样的父母，他们有爱心、同情心和洞察力，他们渴望看到自己的孩子茁壮成长，然而他们也想知道自己欠缺了什么。我一次又一次地听到他们抱怨：我们一直按照养育书上面教的方法去做，为什么还是功亏一篑？

这些父母提出的问题与世世代代以来的父母所提出的问题并无二致，而你可能也有类似的疑问：为什么我的女儿不听我的话或者拒绝与我合作？为什么我的儿子不按常理出牌？为什么他这么挑食？为什么她不能一觉睡到天亮？我们要怎么设立规矩和边界？我要如何判断自己对孩子的期望是过高，还是过低？除此之外，珍妮那天早上也许问到了一个最重要的问题，也是我前前后后从无数父母那里听到的问题：**为什么我明明知道不该对孩子发脾气，但关键时刻就是忍不住呢？**

正如大多数父母有着同样的担忧、提出相似的问题一样，他们也有着同样深切的愿望，想把孩子培养成坚韧、自信、快乐又独立的人。但是如何做到这一点呢？父母应该遵从什么样的养育建议呢？如今，在养育孩子上，父母面临着前所未有的各种角度的信息轰炸，包括教育专家的讲座、TED 演讲、社交媒体意见领袖的育儿经、或友好或挑剔的邻里街坊的建议，以及从搜索引擎搜出的各种结果，方方面面层出不穷。供你选择的养育风格也五花八门，比如有意识育儿（conscious parenting）、亲密育儿（attachment parenting）、放养式育儿（free-range parenting）……究竟哪一种最好？面对孩子的“找打”行为，最佳的解决方案是什么？是数到三的暂停法，还是讲道理？是无视，还是惩罚？或者还有其他什么别的方法？

父母都希望给孩子提供最好的。在实践中，我遇到的很多父母都对“什么才是对孩子最好的”深感困惑和不解，我非常理解他们。有这么多可供选择的观点，到底谁的智慧值得信任呢？通过 30 多年与孩子及其家庭的接触，我逐渐意识到，没有一种万能的养育方法可以适合所有的家庭。最重要的不是规则，而是关注孩子本身。**问题的核心不在于学习别人教给我们的养育方法，而是理解父母自身的养育方式将如何在我们自己的孩子身上“落地”。**一旦父母能够了解孩子是如何吸收他们所经历的互动与境遇的，就可以为常见的养育问题找到更个性化、更有效的答案。

但问题是，父母通常都在关注孩子的行为，而不是孩子本身，更关心如何解决问题，而不是建立一段亲密而有联结感的亲子关系。

在本书中，我会帮助你把自己的关注点从孩子的行为转移到其行为背后的成因上。我也会帮你把精力从理解某种养育方法中解放出来，转而去理解孩子本身。我的目标就是帮你找到适合你的孩子独特需求的养育方法。这样，你们就能建立一段相互滋养的亲子关系，帮助孩子成长为坚韧的人。

养育孩子不是一种理论或是一个假设的方法，它切切实实关乎你和你的孩子。这本书会帮你转换养育的思维模式，帮你从管理孩子的行为，转变成把行为当作线索来理解孩子的内在世界，也就是理解他们的感官经验、感觉和情绪。

大部分养育书建议我们在面对孩子的某种行为时，采取一种“自上而下”的反应模式，比如说教、讲道理、激励，或者恩威并施。这些方法通常为父母提供两种选择：和孩子讲道理或者惩罚孩子。虽然这些方法顾及了孩子的认知力和思辨力，但是忽略了孩子的整个神经系统，也就是忽略了他们的脑身联结（brain-body connection）。因为神经系统遍布全身，向大脑传送各种反馈，所以理解脑身联结和理解孩子同等重要。

在你开始阅读本书之前，我要先说一件重要的事。这本书所呈现的内容不仅来自我个人的思考和观察，还基于最前沿的神经科学。同时，它也是我作为一名心理学家和一个母亲的智慧结晶。

当我还是一名心理学研究生的时候，就学会了如何发现并诊断问题——该给哪些症状贴上哪类心理问题的标签。然而当我成为母亲以后，却发现这种学院派的、自上而下通过与孩子大脑“对话”的方法，时常无法奏效。至少，这种方法没能让我搞明白该如何安抚我的孩子，她还是会一直哭个不停；这种方法也无法说服我家那个焦虑的 10 岁孩子可以放心地去朋友家过夜。所以，在工作 10 年之后，我带着来访父母提出的棘手问题和我自己时常面临的养育难题，走出咨询室去寻找答案。

我决定从头开始。因为以前所受的传统训练并没有让我深入地去了解婴儿的发展，也没有学习如何安抚婴儿。于是，我参加了两个专注于婴儿心理健康的培训项目，在医院、诊所和幼儿园工作了 3 年，专门研究婴幼儿。这段经历让我深刻意识到，早期发展对一个人的一生会产生多么至关重要的影响。

每个孩子的个体差异不仅会影响他们自身的发育，也会影响父母和其他成年人与他们的互动。我身处一个跨学科团队，由儿科医生、言语治疗师、心理治疗师、教育工作者、心理学家以及孩子的父母组成。其中，孩子的父母最为重要。这份工作让我了解到婴幼儿利用身体来理解世界，这种方式会深刻影响他们的发育和与父母的早期关系。

传统的心理学训练侧重于“自上而下”的方法，这种方法奏效的前提是孩子的大脑已经发育到一定阶段。但是当孩子还处在婴儿期，他与外界交流的唯一方法是通过自己的身体。孩子在思维发展与概念形成之前，经历的是“自下而上”的体验，也就是万事“身体为先”。理解了这一点，可以更好地帮我理解孩子各个发展阶段的特点。

在不断探索和学习的过程中，我有幸跟随两位儿童早期发展领域的先驱进行学习。他们分别是精神病学临床教授斯坦利·格林斯潘（Stanley Greenspan）[①]和心理学家塞雷娜·维德尔（Serena Wieder）。维德尔的临床模型是最早将大脑和身体纳入早期干预的模型之一。他们开展工作有一个前提：在和孩子沟通、讲道理或者奖励孩子之前，必须帮助孩子冷静下来，控制他的身体，这样才能取得成功。

维德尔的临床模型建立在如下理念之上：人类必须通过和谐、有爱和安全的关系才能成功地调节自己的身体。这也解释了为什么我在心理

① 格林斯潘博士是当代儿童心理咨询与治疗领域的专家，“地板时光”疗法（Floortime）发明人，他的经典著作《轻松提高成绩的学习树法》是其“地板时光”疗法的集大成之作，并首度提出了儿童思维发展的 9 层模型。该书中文简体字版已由湛庐引进，中国财政经济出版社于 2022 年出版。——编者注

学训练中所学的“自上而下”的方法经常无法奏效。因为这种训练忽略了身体反馈的重要作用以及对人际关系造成的深远影响，也忽略了这些训练本身是如何反过来影响孩子的行为的。大约在同一时期，即 20 世纪 90 年代，科学家们正以爆炸般的速度学习关于人类大脑的新知识，这段时期在科学界被称为“脑的 10 年”。

人际关系在孩子的发育过程中占据着核心地位，这一点在关系神经学（relational neuroscience）这个新兴领域里得到了支持和佐证。精神病学临床教授丹尼尔·西格尔（Daniel Siegel）①创立了人际神经生物学（interpersonal neurobiology），致力于研究人际交往经验对大脑发育的影响。另一名儿童精神科医师布鲁斯·佩里（Bruce Perry）创立的神经序列治疗模式（neurosequential model of therapeutics, NMT）与格林斯潘和维德尔提出的“关系可以帮助身体变得平静而协调”这一理念不谋而合，这对促进学习和提高能力至关重要。护士、婚姻家庭咨询师、研究员康妮·利拉斯（Connie Lillas）参与建立了神经关系框架（neurorelational framework, NRF）。这个框架也同样强调了人际关系对于大脑发育的重要性。最近，我还研究了神经科学家莉莎·费德曼·巴雷特（Lisa Feldman Barrett）的工作成果。她的情绪建构理论（theory of constructed emotion）强调身体深层信号对于我们基础感受和情绪的影响。

① 西格尔基于对大脑结构及其运作机制的研究，提出了实用性极强的“全脑养育法”，针对各年龄段孩子提出全脑养育实践指南，使更多父母认识到“整合的大脑”在养育中的积极作用。他的著作《全脑教养法》已由湛庐引进，浙江科学技术出版社于 2023 年出版。——编者注

身为一名心理学从业者、三个孩子的母亲，我认为对我产生最深远影响的当属神经科学家斯蒂芬·波格斯（Stephen Porges）的开创性研究。他在 1994 年首次提出了多层迷走神经理论（Polyvagal Theory），这个理论从进化的角度精妙地解释了人类在生活中对不同情形做出不同反应的原因。波格斯的研究让我对自主神经系统有了全新的认识——自主神经系统就像高速公路一样在身体和大脑之间传递信息，影响着人类的生理、情绪和行为。

波格斯博士的研究为我们养育孩子提供了神经科学的理论基础。它让我们学会把身体和大脑联系在一起，从而更加完整地理解孩子的行为。我的毕生所学告诉我，依据孩子的个体差异及其神经系统的独特需求，建立有爱且和谐的亲子关系至关重要。这个观念与我最初所学习的“行为管理”方法截然不同，当我发现这个新观念时，真是倍感欣慰。

从以上科学家和咨询师那里学到的知识，构成了本书的核心要点：**孩子的身体调节能力能够帮助他建立健康的人际关系，与他人进行有爱的人际互动，这反过来又为孩子发展逻辑推理能力、抽象思考和思辨能力，从而灵活地应对人生挑战打下坚实的基础。**当我理解了身体和大脑之间的双向交流后，我将工作重心从消除孩子的破坏性行为转变为理解这些行为，因为孩子们正是通过这些行为来传达自身的需求。

我在 2019 年出版的《超越行为》（*Beyond Behaviors*）一书正是这一转变的例证。这本书呼吁父母在面对和处理孩子挑衅行为时需要做出改变，同时也介绍了一种帮助孩子的新方法。这本书引起很多人的共鸣，我也听到了来自世界各地的父母、老师、心理学家和咨询师们的呼吁，大家一致认为教育学和心理学需要有一个新的范式，一个看待孩子行为的新范式。这一共识也刚好与新兴的神经多样性运动不谋而合，该运动呼吁崇尚和尊重个体差异，而不是视其为一种需要治疗的疾病。我所倡导的新范式表明，在众多影响儿童发展的因素当中，最核心和重要的是亲子关系。

在这个激动人心的时刻，我为这个新范式加入了一个重要的见解：在理解孩子的行为方面，脑身联结是一个新的思路，由此形成了一份全新的养育指南——脑身教养法，用这种方法可以养出快乐而坚韧的孩子。

本书不是一本理解神经科学研究和理论的指南，而是我作为一名心理学家从这门新兴学科中学习到的内容，也是我作为一个母亲把这些所学运用到实际生活中的经验。这本书涵盖了我把科学知识转化成实操经验的方法。我的描述仅仅触及了这个复杂的新兴学科的凤毛麟角，而我也冒昧地对一些概念进行了简化，以便读者更容易理解。在书的最后，我附上了术语表，其中有一些非常重要的科学概念。

科学不应该局限于实验室和医学期刊，我们应该把它带进千家万户。科学可以减轻我们的痛苦，改善人与人之间的关系，并指导我们的日常养育决策。有了神经科学的支持，我不再专注于帮助父母改变他们孩子的行为，而是与孩子和父母一起，从欣赏每个孩子的脑身联结开始，用一种更整合的方法帮助父母理解孩子，也能够帮助父母理解他们自己。

当我们意识到一个孩子的大脑无法脱离身体独立运转时，一系列新的养育选择就出现了。脑身联结是所有行为的基础，理解这一点相当于为我们提供了一份全新的、为每个孩子量身定做的养育指南。20 多年来，我一直用这个理念帮助父母理解和解决常见的养育难题。

我们要去理解孩子生理状态的变化是如何导致他们的行为的，而不是去寻求某个心理学上的诊断。我们要去倾听身体的信号，从而发现线索，而不是关注缺陷或不足。从神经系统的视角来看待孩子的行为、态度和行动，可以让你的养育更具个性化，也可以为你在重要养育决策上指明方向。

这些也是我在前面那个案例中和朱利安的母亲珍妮所分享的内容。那天早上，在超市大发雷霆后，珍妮深感沮丧，愤怒于没有什么方法能够让她和朱利安冷静下来。这不是她的错，因为教师培训没有教过她压力对于神经系统的影响。而医生又把朱利安无法应对失望的行为归罪于他“霸道”的天性，进而鼓励珍妮用管教的方法来制止朱利安的“坏”行为并使其顺从，这当然也不是珍妮的错。的确，我的很多心理学界和教育界的同行仍然在推荐类似的方法。

我告诉珍妮，朱利安并不是有意试探边界或者故意不配合，他只是在应对压力。在这样的情形下，正确的做法并不是管教孩子或者给孩子外部奖励，而是用适合孩子的方法安抚他的神经系统。这样，神经系统才能正常运转、参与活动并进行学习，这就是我和珍妮分享的方法及其基本原理。这是一个富有同情心、整合而又有效的方法，也是我在本书中将要分享的方法。

接下来，我们需要了解一些关键的概念和问题，帮你找回养育的主动权：

- 神经平台，我在本书中对脑身联结的简称。每个孩子的神经平台都是独一无二的，而行为就是我们理解孩子神经平台的线索。
- 神经感知，也就是我所说的身体的安全探测系统，能够帮助我们理解孩子的主观体验。
- 如何判断某种特定的行为是故意的，还是源于生理上的不适。
- 如何建立一段良好的亲子共享联结来帮助孩子发展自律能力。
- 父母的自我关照很重要，因为一个成人平和的陪伴能让孩子的身体感到平静和安全。
- 理解内感受这一身体最深层的感觉，了解它是如何帮助并指引你和孩子的互动，是如何帮助你的孩子更好地觉察与表达自己的感受和情绪的。
- 如何利用神经平台和上述概念来培养孩子的韧性，应对他们从婴儿期到青春期早期的常见养育挑战，并制定相应的养育策略。

减轻而不是加重养育的压力

你可能会想：很好，但是听起来工作量很大。在我们继续之前，我向你保证，我的目的不是加重你作为父母的负担，而是要帮你减轻负担。我从没想过要增加压力、焦虑或工作量。与之相反，这本书不是要你成为超人父母，数百位父母曾找我进行咨询，而我相信，父母们都在自己的能力范围内做到了最好。我将引领你学习相关的所有知识，并用一种新的方式来观察自己的孩子。没有人像你一样了解你的孩子，而这本书中的方法和视角能够帮助你用自然而美妙的方式建立亲子关系。我们的目的不是去改变你的孩子，而是帮你培养一段能够滋养你们的亲子关系，从根本上尊重孩子独特而又不断变化的大脑和身体。

最后，我必须负责任地告诉你，尊重自己的养育价值观非常重要，因为一个人的养育价值观受到每个人独特的背景和阅历的影响。我生长在美国，而我的父母来自另外的国家。作为家中的老大和第一代移民，我是父母双方文化的结合体。他们传递给我的价值观和传统习俗来自他们自己的文化。同样，我也希望你可以根据自己的实际情况把这本书中的内容与你们自己的传统和文化价值观相结合。不管你是婴儿的父母还是大孩子的父母，不管是独生子女家庭还是多子女家庭，我都希望书中的内容能让你更全面地看待自己的孩子，从而让你更加自信。为人父母并不容易，我也在书中加入了一些重要内容，这些内容可以帮你在人生旅途中练习如何关爱自己和照顾自己。

要理解行为背后的原因，关键是要理解大脑和身体。作为一名母亲和心理学家，这种新的认知改变了我。当我开始把这种认知分享给找我做咨询的家庭时，这份新的认知也改变了他们的生活。我希望这本书能让作为父母的你，少几分担忧，多几分喜悦，也希望它可以帮助你少一些事后的猜测，少一些自我批判，在做养育决策时也能够少一些压力，同时能够培养孩子的适应力以及你们之间持续一生的亲子联结。

目 录

BRAIN-BODY PARENTING

第一部分

看见孩子

BRAIN-BODY
PARENTING

BRAIN-BODY PARENTING

第 1 章

孩子爱闹不是任性，而是身体预算不足

只消除行为，往往会适得其反

我们要像照顾自己的神经系统那样，照顾彼此的神经系统。

——莉莎・费德曼・巴雷特

当利安达和罗斯来到我的办公室时，他们迫不及待地想知道应该如何帮助女儿杰德。他们看上去绝对做好了当父母的准备。利安达是一名儿科护士，而罗斯是一名高中校长。他们两人都学过儿童发展心理学，也都读过相关的养育书。他们的大女儿玛丽亚在生命的前几年里过得相当顺利。二女儿杰德也是，她从小就是个开心的孩子，对环境也适应得很好。

然而，杰德从上幼儿园的第一天起，就开始大哭大闹。每天早上，罗斯把她送到幼儿园时，杰德都哀求罗斯不要离开。她大声喊叫到需要有个老师来干预，才能把她和父亲分开。

这场每日斗争愈演愈烈，杰德的父母也为此感到越发烦恼和困惑。女儿的反抗是某个严重问题的征兆吗？她长大些会变好吗？老师安慰他们说这就是个阶段，在刚上幼儿园的孩子中十分普遍，他们是否应该继续听从老师的建议，不顾杰德的反抗，依然把她送到幼儿园就离开？还是有什么更好的方法呢？在大多数情况下，最让他们感到困惑的问题是：为什么对玛丽亚有效的养育方法，对杰德却毫无作用呢？

尽管利安达和罗斯从各种各样的养育书中学习了滋养型的养育方法、开放式的沟通风格，并收集了很多建议，但是当我见到他们的时候，这场旷日持久的斗争已然持续了将近 4 个月。利安达和罗斯显然渴望看到杰德的成长，但是他们感到压力很大，也不知道应该做些什么。他们怎样才能够帮助杰德茁壮成长呢？

利安达和罗斯从杰德老师那里得到的建议和常见的养育建议是一致的：关注行为，而不是孩子本身。大部分的养育方法并不关注孩子的整体，而只是关注孩子的行为和父母对这些特定行为的回应。这些养育方法建议家长针对孩子的大脑做出回应：讲道理，提要求，提供激励、奖励或者承担后果。

这类被动的方法有两个固有的问题。首先，这些方法提供的是通用答案，是基于普遍常见的现象，而不是基于你的孩子。其次，这些方法是假设孩子以特定的方式做出有意图的行为，比如假设他们可以每时每刻都能好好控制自己，或者假设只要他们足够努力，就能控制自己。

具体的建议往往取决于特定的养育哲学，比如保持积极，侧重于鼓励；保持威信并给予支持，侧重于权威性；让孩子尽可能地体验失败，侧重于不做直升机式的父母；不要把自己的问题投射到孩子身上，侧重于父母保持更多的自我觉察；不加评判地反思当下的经历，侧重于正念；帮助孩子谈论自己的感受，侧重于教他们认识情绪。这些建议可能都有用，但是并没有考虑到孩子的独特个性，或他们在一些特定时刻的需求。换句话说，如果你的孩子还没有处在一个能够接受教育的状态中，那么，理论上的建议再好也没有用。

此外，还有一些常见的误解，认为孩子会故意或者蓄意做出某些行为。不久之前，我在网上看到一条视频，声称能教你如何预防幼儿乱发脾气。这条视频在 YouTube 上已经拥有超过 100 万的点击量，但它有一个问题：与这种流行的解读正相反，孩子们一般不会故意发脾气。实际上，孩子在任何年纪发脾气都是一个信号，表明他的脑身联结正处于压力和脆弱的状态。

行为只是冰山的一角

当善意的父母、教育工作者和相关专业人士暗示孩子们是故意发脾气时，他们其实误解了小孩子在控制冲动情绪和行为方面的发展。我写这本书的目的就是为大家提供一些背景知识来理解人类的神经系统，并帮助父母了解孩子是如何发展出自我控制能力和情绪的灵活性的，同时，在尊重孩子自身的遗传和特性下，父母可以做些什么来提高这些能力。

我在社交媒体上发过的最受欢迎的帖子是一句话，这也是我常对受挫的父母说的一句话：如果控制情绪和行为的能力要到成年早期才能发展完善，那么我们为什么要求学龄前儿童做到这一点，还要在他们没做到的时候惩罚他们呢？这些文字写在一幅孩子画的蜡笔画上，画面呈现的是太阳。这幅画和这句话已经有超过 200 万人看过。为什么这句话能够引起如此大的共鸣呢？也许仅仅因为它消解了很多父母心中的自我责备和自我批评。事实上，控制自身情绪和行为的能力并不是某个时刻突然出现的转折，而是一个不断从神经平台接收信息的过程。在这个过程中，神经平台日益变得强大，进而保护我们的安全，并能让我们不断预测周遭发生的事情。

对于大多数人来说，我们几乎没有学过如何理解孩子行为背后的"语境"，学会的反而是如何去控制这些行为。但是，了解人类行为背后的原因才是更为重要的。我们可以把行为想象成冰山的一角，水面上可见的部分大约只占 10%。显然，冰山远不止水面之上的这部分，表面之下隐藏着更大的部分，虽然看不见，但举足轻重。当我们只对看到的行为做出反应时，就容易忽略被掩盖的部分及其隐匿的重要信息。这些信息包含着丰富的线索，可以帮助我们理解行为的成因。美国的文化对行为，尤其是对孩子的行为，有着过度的评判。好在当下神经科学的新发现，为我们提供了一个振奋人心的新角度来讲述行为、感受、情绪以及它们的成因。

不管什么行为，实际情况都比表面现象更复杂。我们的大脑和身体一直在对话，大脑不是独立存在的！孩子们很少真的在无理取闹或单纯想让父母感到不悦，即便他们常常让你感觉是这样。孩子的行为是他们内部世界向外部发出的信号，是水面之下冰山存在的证据。

不管父母多么努力地讲道理或提供奖赏，这些办法都无法教会孩子或强迫他们学会控制自己无法控制的事。那父母能做什么呢？**努力理解孩子行为背后所蕴含的信息，它们会告诉你孩子是如何体验世界的。**

身体的状态会影响孩子的感受、行为和想法

自主神经系统是一个独特、双向的脑身交流系统，孩子的行为就是他们当下自主神经系统所处状态的表现。孩子的身体和大脑在这个系统中，由一个不停运转的反馈循环连接着。所以，我们不应该把孩子的思考、情绪表达和他们的身体状态分开来看。孩子的身体状态会影响他们的感受、行为和想法，我把这个复杂而又重要的系统称为“神经平台”。**我们永远都不只是“身体”或“大脑”，我们永远是二者的结合体。**

从一个瞬间到另一个瞬间，我们每个人对世界的回应都在接纳和防御状态中连续切换。当我们把挑战看成恐惧和威胁时，我们处在防御模式。当我们感到安全时，我们处在接纳模式。在和孩子们的大量接触中，我发现影响孩子接纳程度的正是他们的神经平台。一个稳固的神经平台能让孩子做出恰当的行为，也能让孩子更加灵活地思考和做决定。一个脆弱的神经平台则会让孩子过度警觉、恐惧和提防。当孩子的神经平台处于脆弱状态时，我们就会看到那些让父母无法理解和血压飙升的行为，比如不愿意穿袜子，不愿意吃任何绿色的食物，对兄弟姐妹拳打脚踢，或者在应该关电视的时候把遥控器扔掉。这些行为看起来是孩子不听话、不合作或没礼貌，但是在行为的另一端，却是那些孩子们关闭心门、联结断裂、忽视我们的时刻。我会在接下来的章节中阐述为何这些防御性的行为其实是一种保护机制。

过度警觉是孩子的神经平台处于脆弱状态的一种典型表现。这种警觉可能表现为过于顺从，意味着孩子想要过于讨好他人。虽然这种行为时常被褒奖，但它并不是什么好现象，因为这样的孩子很容易表现得警

惕、担忧、讨人嫌、尖叫、哭泣、发脾气、逃避、逃学，甚至封闭自己。人类并不总是能够有意识地控制自己的行为，也就是说，孩子们并不是有意地选择了这些行为。相反地，很多反应和行为都是因为孩子感受到了一种来自潜意识的不安或者威胁，进而想要保护自己。

我们可以通过应变稳态来了解孩子稳定或者脆弱的程度。应变稳态指的是帮助我们身体维持其稳定性的过程。当然，你不需要记住这个科学名词！神经科学家巴雷特给这个概念取了另外一个名字：身体预算。巴雷特认为，就像财务预算记录钱的走向一样，我们的身体也会记录"人体摄取或者消耗水、盐和葡萄糖等这些内部资源的多寡"。虽然我们并不能一直觉察到身体预算的多寡，但是我们的每一个经历，包括我们的感受和行为，都会成为我们身体预算中的收入或支出。一个拥抱、整晚安睡、和朋友一起玩、一顿健康的饭菜，这些都是收入。其他如忘了吃饭或喝水、没有足够的深度睡眠，或者感受到被孤立、被忽视，这些都是支出。

在本书中，我将用身体预算这个易于理解的术语来指引我们做出恰当的养育决策。

父母在养育中面临的困难总是一个接着一个，其中最让父母纠结的恐怕就是，当孩子遇到困难时，我们应该鼓励他们自己去解决，还是用充满支持和爱的亲子互动帮助孩子？

孩子的神经平台能够反映他们的身体预算是否充足，也能指引我们做出决定。在接下来的几章中，我们会学习如何追踪孩子的行为和相关信号。这能够帮助我们了解他积累了哪些可调度的资源供当下使用。为了达到这个目的，我们首先要了解孩子的身体想要向我们传达什么样的信息，无论是通过言语表达的，还是非言语表达的。

这正是我怀着无比激动的心情，想要和你们分享的核心理念：**最好的养育决策不仅仅是简单地关注孩子的行为或想法，还要关注他们的身体，以及每个孩子所特有的方式，他们正是借由这种方式持续地处理、解释和体验他们所处的世界。**

因此，作为父母，养育的策略不应该从消除某种行为开始，而应该从加强孩子和我们自己的神经平台开始。我们应该具体问题具体分析。例如，孩子的这种行为是否在表示此刻他想从我这里得到一些什么？他需要我和他说话吗？他需要我的拥抱或者靠在我的肩膀上放声哭泣吗？他需要我设立边界并提醒他行为的后果吗？他的哪些基本需求必须被满足之后，才能保持稳定？他需要讲道理这种“自上而下”的对待方式，还是一个更加“自下而上”的方式，比如先关注他的身体，巩固他的神经平台，抑或需要这两种方法的某种组合方式？

每个孩子、每种情景都是独一无二的。大部分给父母的养育策略都没有提出以上这些最基本的问题。要让孩子自如地运用我们教给他的方法，他需要有一个稳固的神经平台。建立强健的神经平台，不能靠激励、忽视某些行为，也不能靠惩罚、羞辱或者评判。我们需要和孩子同在，从我们一贯慈爱的陪伴中滋养出相互信任的关系，并让它贴合孩子的个体需求。同时，我们也需要记住，父母的职责是帮孩子成为更加灵活而又坚韧的人。只有把陪伴作为基础，他们才能学会尝试和容忍新的经验，变得越来越自立自强。

对于常见的养育难题，现在我们有一个新的思考方式：那些被我们视为行为上或者情绪上的挑战，是孩子的身体应对变化的反应，孩子需要对这些变化做出调整或回应。如果把压力看作身体对于变化做出的自然而然的调适，那么我们就可以欣赏这些挑战行为。因为这些行为告诉我们，孩子的身体和大脑正在应对我们提出的要求。**身体预算的枯竭导致了“坏”行为的产生，而实际上，这些行为并不坏，只是潜意识中的保护机制。**

然而，父母时常看不到孩子世界里的这一现实情况，因为我们面对孩子“坏”行为时所产生的恼怒将其掩盖了。直到我们开始扪心自问：孩子为什么会有这种行为？这种行为与外部的刺激有关吗？新的观点认为，行为具有适应性，并不分“好”或“坏”，对于父母来说，行为是一种不可思议的重要信息来源。

如果我们只专注于消除孩子的行为，而不是去关注孩子神经平台所处的状态，我们相当于在背道而驰。如果孩子需要通过扭动身体来应对自己感受到的压力，那么要求他在晚餐时乖乖坐好，就无济于事。如果孩子害怕某件看上去没什么大不了的事情，比如害怕去参加足球训练，或者害怕某个玩具的响声，父母仅仅说“这有什么吓人的”是毫无作用的。我们需要聆听孩子的恐惧到底想要告诉我们什么。

孩子的行为为我们提供了走进他们内部世界的线索，所以在这个重要的时刻，我们需要暂停，认真思考在“冰山之下”到底发生了什么。自然我们能够理解孩子的身体和大脑如何合作应对生活里或大或小的挑战，我们就可以帮助孩子利用新的经验去成长，而不是被这些挑战击垮。

亲子间的每次互动都是给身体预算充值

我们希望见证孩子茁壮成长的每一刻，确保他们获得每一项新技能，比如，第一次成功地吸吮母乳，咽下第一口食物，第一次走路，第一天上学，第一次参加夏令营……我们帮助孩子接纳新的经验与情境以保持身体预算的平衡。**我们需要确保孩子得到了足够的挑战进而变得更强大，同时又不至于被我们的要求击溃。**为此，我们需要找到所谓的“恰到好处的挑战”，我称之为“挑战区”。挑战区可以帮助孩子们成长，让他们获得新技能，学习新知识，并且在恰当的支持之下发挥他们的潜能。如何发现孩子的挑战区呢？判断孩子身体发出的众多信号就是一个非常好的方法。

一个身体预算透支的孩子往往正在挑战区之外工作。帮助每个孩子找到这个区域十分重要，因为如果孩子们的神经平台总是超载，或者相反，他们从身边的成年人那里得到了过多的支持，保护他们免于恰到好处的挑战，那么他们就不可能成长为坚韧的人。在本书中，我会不断地为你提供一些观点和案例，帮你学着根据具体情形判定什么是适合你孩子的挑战区。为此，我会回答如下的问题：

- 幼儿发脾气和大龄段的孩子发脾气，应对方法有何不同？
- 如何应对手足之争？
- 如何帮助孩子睡整觉？
- 当孩子不顺从甚至挑衅父母时，该怎么做？
- 当孩子和老师或同学的关系出现问题时，该怎么做？
- 怎么知道我设立的边界太强硬还是不够强硬？

当我们找到了孩子的挑战区，自然能获得各种养育问题的答案。同时，也会重拾信心，根据孩子的神经平台做出恰当的决策。当孩子处于挑战区时，他们能够增强抗挫力，迎难而上而非自暴自弃。一个有抗挫力的孩子能够耐心地等待他想要的东西，即便在遇到困难的时候，也能保持冷静。

作为父母，你在培养和巩固孩子神经平台这件事上起着至关重要的作用，而这并不会加重你养育的负担。巩固神经平台这件事永远都不会晚。你和孩子的每一次互动，都能培养孩子的接纳能力和坚韧性。帮助孩子茁壮成长的窗口永远都是敞开的，我们不需要追求完美。幸运的是，这个学习的过程容错率很高。我们无须也根本不可能成为 100 分的父母，重要的是，当我们失误的时候，重新补救，并从中学习。当我们这么做的时候，我们就会和孩子一起变得更强大。

孩子神经系统所处的状态是指引我们每时每刻做出养育决策最重要的因素，没有之一。无论什么样的养育策略都需要考虑三个核心因素：一是你和孩子的神经平台从稳固到脆弱的不同状态；二是你的孩子已经具备的能力；三是你的孩子的特质，也就是影响他处理感官和内在信息的个体差异。在本书中，我们始终会使用这三个概念，探索在满足孩子个性化需求的基础上，如何优化你的养育决策。这也是利安达和罗斯在面对女儿杰德不愿上幼儿园时从我这儿学到的方法。

不想上学的杰德

当杰德反复哀求父亲不要把她一个人留在幼儿园的时候，她的父母起初一直认为这是杰德在有意逃避学校生活，而我却不这么认为。我和杰德的老师交流后发现，大部分时候杰德会表现得很悲伤，安静地自己待上一小时后才会去找朋友玩游戏，和小伙伴们笑着给其他小朋友假装做食物。杰德的老师认为她是个“与众不同的孩子”。

这和我在教室里对她的观察刚好吻合。显然，杰德对于学校的某些方面非常喜欢，但是上幼儿园对她来说却又不是毫无压力的。当她扭动着身体试图逃跑，紧紧抱住父亲或尖叫时，这表明和父亲的分别给她的身体预算带来了高昂的支出。在大多数时候，无论怎么哄她或鼓励她，比如提供奖励贴纸，都无济于事。

经过几次对杰德长时间的观察并听取她父母的意见之后，我建议他们把杰德的行为看作她的神经系统正在勇敢地对抗压力的一种表现。我解释道：“我们的任务不是简单地去改变行为，而是在行为产生之前帮助杰德，并在此过程中，巩固她的神经平台，帮助她从一个防御而脆弱的状态调整到接纳而稳固的状态。当这些行为自发地停止时，我们就知道她的神经平台已经稳固了。”

我见了杰德的老师，并根据杰德的经历制订了一份个性化的方案。第一步就是让杰德的老师停止每天早晨把她和父亲强行分开。我们需要把这个“冷酷”的分别变成一次“温暖”的离别。罗斯不需要在混乱的上学早高峰把杰德和其他小朋友一起送去幼儿园，而是每天提前 15 分钟把杰德带到教室外面一个安静的地方。在那里，老师会蹲在杰德面前，用她们温暖而又富有磁性的嗓音迎接她。老师会和杰德的父亲聊聊天，给杰德的神经平台制造一段热身的时间。最后，老师会让杰德自己决定她什么时候准备好和父亲说再见，然后和老师一起进教室。大概过了一个星期，杰德就不再哀求父亲不要离她而去了，这也意味着她已经准备好了自己一个人走进教室。

在没有任何激励措施或者惩罚措施的前提下，新计划执行了三周，杰德终于主动和父亲说她准备好了和其他小朋友一起去幼儿园。是什么带来了如此大的改变呢？我们没有简单地给她奖励，让她不要生气，仅仅是认识到，首先应该去增强她的神经平台。

杰德的父母了解到稳固女儿神经平台的重要性，也学到了他们在类似情形中的应对方法。杰德热爱跳舞，但是每次在社区中心准备上舞蹈课的时候，一进教室，她就会僵住，非要母亲和她一起。母亲当然想要支持她，于是尝试了各种常见的可以帮助杰德应对恐惧的做法，比如鼓励她给情绪命名，和她讨论恐惧这个情绪以及如何用舒压的想法打败恐惧，或不断提醒她母亲就在门外。我必须说的是，当孩子足够冷静、有良好的脑身联结时，这些都是行之有效的方法，但是和幼儿园分离焦虑的情形一样，去舞蹈班的杰德，此时的脑身联结还未发展到可以应对这个压力的阶段。

问题出在哪里？因为父母过早地使用了“自上而下”的方法来解决“自下而上”的问题。那么如何解决呢？请关注神经平台！因为父母不能进入舞蹈教室，只能在旁边的房间等待，杰德的母亲决定告诉舞蹈老师她在幼儿园的分离问题是如何解决的。舞蹈老师在上课之前的几分钟接上杰德，并且给她分配一个特别的小助手任务。只需要这几分钟的联结，杰德的身体预算就获得了一大笔收入，然后她就能牵着舞蹈老师的手一起进教室，不再需要母亲的陪伴了。这个简单的人与人之间的互动稳固了杰德的神经平台，成功帮她参与和享受新的体验。

每个孩子都不一样，但是了解他们的神经系统有助于帮助我们发现每个孩子如何接受与我们的互动，如何理解我们对他提出的要求。这种及时读出孩子情感需求的能力最终将会帮助孩子收获友谊，学业有成，继而成为一个独立而又坚韧的人，能够直面人生的难题。培养这种能力需要时间，也取决于孩子后天和养育者之间的关系，以及孩子的先天生理条件。当我们在问孩子为什么不听我们的话之前，先去了解他们的神经平台，这样我们才能为当下的困境找到突破口。

BRAIN-BODY PARENTING
脑身教养法要点

脑身教养法不是溺爱

习惯了传统养育方法的父母可能会想，脑身教养法会不会是某种溺爱或者放任自流的养育方法？个性化的养育是否意味着设定较低的期望值，或为孩子铺好路，让一切过于简单？父母们难道不能有所期许吗？

这些都是很好的问题。但重要的是，我们应该明白自己的目标不是要为孩子铺路，让他们不必承担后果或者永远待在舒适区，事实上，我们的目标恰恰相反。大部分的父母都希望孩子未来成为坚韧而又独立的人。当你用孩子的神经系统作为路线图时，你就在培养自己拥有一种更加准确的直觉，判断什么时候应该收回要求转而去安抚孩子，让孩子感到更加安全，而什么时候应该让孩子自己应对挑战。如果不去伸手够一够或体验舒适区外的不舒适，人类是没办法获得新技能的。**关键在于，我们提供的支持需要根据孩子和情境进行调整。**否则，就像杰德的经历告诉我们的那样，很多单纯想要改变孩子行为的方法不仅没用，恰恰适得其反。

父母身体预算不足时更容易失去耐心

无须赘言，我们成年人也有自己的神经系统。孩子的神经平台会影响父母，父母的神经平台也会影响孩子。我们发现，父母的神经平台对养育来说至关重要。在第 5 章中，我会讲述父母应该如何关爱自己，为自己的身体预算充值，进而平衡养育所带来的持续支出。我们自己的父母常常评判我们的行为或者情绪，并为之贴上标签，因为他们不知道应该通过关心我们的情感需求来滋养我们的神经系统。

我们时常会回忆起自己的父母说"别哭了，这真没什么大不了的""很多孩子过得都不如你""加油，这真的没什么好害怕的！"，这些善意的言语背后却隐藏着意想不到的信息：父母忽略了我们身体发出的信号和不适的感受，甚至根本没有把这些感受放在眼里。即便是现在，大多数的养育策略和教育文化也不会去探究"消极"情绪和行为蕴含的更深层的意义，也不去理会它所传递给我们的信息，即一个人的身体是如何应对压力的。随着时间的流逝，忽视或者低估这些应对压力的反应会导致人们产生各种健康问题，比如炎症、高血压、心脏病、进食障碍、焦虑或者抑郁。这些问题是由于非稳态负荷或长期压力造成的。

前几代人已经在他们所知的范围内做到了最好，而现在我们了解到了更多有关压力对人体产生影响的信息，应该可以用一种更综合的方式看待身体和大脑。

在我的记忆中，有很多痛苦的养育时刻，这些痛苦通常是由我当时脆弱的神经平台而导致的。对于其中一个时刻，我仍记忆犹新。那天白天，我的工作压力很大，下班后我去学校接孩子们。然而，我并没有意识到压力已经让我的神经平台变得脆弱不堪。当我到达学校的时候，我那个 4 岁的女儿突然不想上车回家，哀求我让她和她的好朋友再玩一会。我和她讲道理，并说明此刻我们要立刻离开的原因。然而几分钟之后，我的神经平台就崩塌了。我的情绪失去控制，我抓住女儿，用最大的声音吼了她。就在那一刻，我抬头忽然看见另一个我认识的母亲正在满脸讶异地瞪着我，即使这么多年以后，我仍然记得她当时的表情。我坐在车上，肚子一阵阵地疼。我刚才做了什么？我的孩子们此刻静悄悄地坐在后座，我吓到了她们。我悔恨交加，羞愧难当。我想，到底是什么样的母亲才会让她的孩子感到如此害怕呢？而且这个母亲还是个心理学家。

随着时间的推移，我向女儿们道歉，并且试图和她们谈论那件事的感受和记忆。她们理解我，但并不想提及这件事。第二天，我去了办公室附近的一家艺术工作室，有时候，我会去那里做陶艺。这对我来说是件放松的事情。那天，我在一个方形杯垫上写了“小心轻放”（handle with care）4 个字，然后写上了三个女儿的名字。我坐在那里对自己承诺，以后绝不再在孩子面前失控。这么多年以后，我仍然把这个杯垫放在床头柜上，它是一种视觉提醒，提醒我自身的脆弱和我的本意。“小心轻放”这个词一直提醒我要用爱与关怀来对待我的孩子和我自己。

爱与关怀这两股力量确实是脑身教养法的核心。从解决行为问题转变为试图理解行为的成因和触发因素，这意味着要从管理孩子转变为深入地了解他们。这是一条充满自省和好奇的养育之路，**帮助我们从应急救火模式转变为暂停模式，思考孩子的行为正在向我们传达哪些有关他们大脑和身体的信息。**

从消除行为转变为稳固神经平台

总而言之，我们需要从关注孩子的行为转变成去滋养他们的神经系统，同时关照我们自己的神经系统。我们需要通过关注孩子的身体预算与他们行为背后的成因来滋养他们的生理和心理，也就是滋养他们的神经平台。作为一名心理学家，我工作的重心不再是关注行为本身，而是致力于支持神经系统并去发掘行为背后的成因。

加强孩子的神经平台最重要的因素在于理解人类在自己的身体里、在这个世界中感到安全的机制。为了理解这一点，我们将在第 2 章中学习我们的神经系统是如何判断一个情形是安全的还是危险的，是舒适的还是威胁生命的，这种机制被称为神经感知。

培养韧性的建议

孩子以及我们自己的行为都是脑身联结复杂工作的外在反映，也就是神经平台对外的呈现。当我们能去思考行为传达了关于神经平台的哪种信息时，我们就有了帮助孩子培养韧性的第一条线索。

BRAIN-BODY PARENTING

第 2 章

安全感，情绪和行为的基石

只关注表面行为，会让父母误解孩子

在他们能够对自己的行为做出任何彻底、持久的改变之前，他们需要先感到安全和被爱。

——布鲁斯·佩里（Bruce Perry）

莱斯特和希瑟刚从美国的一个州搬去了另一个州，他们 8 岁的儿子兰迪却开始出现睡眠问题。搬家之前，兰迪和他一岁多的妹妹共用一间卧室。现在兰迪拥有了一间属于自己的卧室，他感到无比兴奋，甚至自己挑选了墙漆的颜色，还在床上铺了一条超人图案的被子。但没过多久，兰迪就开始在半夜心烦意乱地游走，出现在父母的卧室门前。

后来，兰迪又开始莫名其妙地沉迷擦地，总是拿着吸尘器吸走妹妹掉下的面包屑，甚至毫无缘由地吸地。刚开始，兰迪的父母觉得他的这个新习惯挺有意思，但很快兰迪又出现另一个莫名其妙的行为：像是完成某种仪式一般花大量时间整理他妹妹的玩具。至此，莱斯特和希瑟与我取得了联系。

他们俩尝试过和兰迪沟通，鼓励他说出自己的感受，也曾试图跟他解释深夜恐惧背后的原因。他们给兰迪安了夜灯，还以去酸奶冰激凌店为诱饵，鼓励他不起夜。但这些努力并没有什么成效。在短短几个月内，他们曾经开朗的孩子开始变得敏感、黏人，似乎出现了退行。

有时候，像是讲道理、划边界、鼓励这样常用的养育方法都不太奏效，这往往是因为导致孩子出现行为问题的原因是孩子意识层面之外的更深层的需求，这种需求正是人类在世界上感到安全的基本需求。的确，从我们出生的那一刻起，我们就在追寻安全感，这是一种生理本能。

我们已经看到，当孩子拥有稳固的神经平台时，他更有可能愿意合作，也能对各种各样的要求做出应答。但是如果孩子的神经平台脆弱，他所能应对情形的范围就会变窄。有时候，孩子甚至会因为一个简单的任务而感到不堪重负。这就解释了兰迪身上所发生的事情。当他们举家搬迁之后，他变得更加依赖父母，不太能享受一个人的卧室，不想认识新朋友。

我宽慰莱斯特和希瑟，他们在儿子身上所观察到的情况有其存在的充分理由，而我们可以一起去寻找其中缘由。每个孩子的神经平台都是由孩子对世界的独特体验所筑就的。经历挑战并不罕见，尤其是当我们的生活出现重大变化的时候。这些暂时的挫败其实给我们提供了契机，让我们更好地了解孩子，明白什么才能让孩子感到安全。最终，这些了解让我们可以帮助孩子适应人生。

安全感能够让孩子顺利地运用他们刚刚发展起来的执行功能。想象那些成功的首席执行官经营企业时需要做的事：保持专注、迎接挑战、勤奋自律，灵活地适应不断变化的情形。我们希望孩子能够为未来的独立和成功发展出这些基本技能。但是，孩子能够发展出这些能力通常需要好多年，甚至几十年。在整个童年期和成年早期，孩子们会发展和增强他们控制情绪和行为的能力、思考和计划的能力，以及适应变化和各种情形的能力。像搬家这样的变化导致的暂时性的退行并不罕见，就像我向莱斯特和希瑟解释的那样，当他们开始看到孩子是如何应对挑战和压力的，那么兰迪的行为似乎就容易理解了。

大脑时刻监控着我们的身体预算，确保我们处在平衡的状态，用科学术语来说，就是处于应变稳态之中。我们不必通过意志力让心脏跳动，让肺呼吸，或者让胃来消化食物。这一切是在神经系统的作用下发生的。神经系统通过不停地监控从环境以及我们内脏中获取的信息，并根据需要做出调整以保证我们的安全和健康。

我们身体自备的这套卓越的监控系统决定了我们是接纳还是防御，是合作还是不合作。理解这点就能够帮助我们针对孩子的反应采取个性化的方法。忽略这点，则会导致我们向孩子索取他们还无法给予的东西。

当我们了解了孩子是如何对某个情境做出反应的，我们就可以尝试帮他巩固他的神经平台，比如给他一个拥抱，或者给他时间缓一缓，或者继续提出要求和期待，轻轻地推孩子一把。那么，父母该如何判断对孩子的要求是否过多？想要回答这个问题，就需要我们先来了解一下大脑和身体中的威胁探测系统。

平常的小事也可能是孩子不安的来源

在我们的神经系统深处和我们的意识之外，每个人天生都有一个系统来探测安全或者威胁。这个隐匿的系统让我们的祖先成为幸存者并存活了几千年，也使他们凭借直觉从野生动物的追赶或者即将来临的大火中快速而有效地逃脱。

波格斯博士给这个探测威胁和安全的系统取了个名字，叫作神经感知。神经感知是指我们的神经系统一直在探测我们身体内部和外部的环境，探测我们与他人之间的关系以确保我们的安全。当我们感到不够安全的时候，神经系统就会本能地指挥我们的身体采取行动。尽管，触发神经感知的感觉信号在我们的意识之外，但是我们却时常可以觉察到神经感知给我们的身体感受带来的影响，比如说心跳加快，甚至是心动过速。这些感觉是通过另一个叫作内感受的过程产生的。经由这个过程，从我们身体深层发出的信号就能够提醒我们自身内在的感受，这就叫作内感受。

神经感知是怎么运作的呢？巴雷特曾解释说，我们的大脑像一个快如闪电的预测仪。在我们的意识之外，大脑的不同部位会相互交谈，不停地审视依据过往经验而产生的源源不断的感觉，以指示身体下一步的动作。“你的大脑永远都在预测，而它最重要的任务就是预测你身体的能量需求，以保证你能够好好地存活。”巴雷特写道。这就是我们经常遇到的情况，比如当你听到一辆汽车已经驶到你身旁的时候，在你意识到这件事之前，你的身体已经先一步躲开了。你并非有意计划了这次行动，而是你的大脑指示身体做出行动保护了你。这纵身一跳虽然消耗了你的身体预算，但救了你一命。

了解我们的大脑如何处理来自身体内部和外部的信息，对于了解孩子和我们自身的情绪、行为至关重要，它能够帮助我们感知孩子的相对接受性和可及性。它为“安全和信任是人类发展的核心”这个理念提供了神经科学的基础。它也能够帮助父母理解孩子是如何看待他们自己所处的世界的，同时父母可以依据这些信息为孩子量身定做适合他们的亲子活动。

把神经感知想成一个在后台不断运行的电脑程序。它的目标是让我们选择采取行动或者不采取行动，进而保护自身安全。这个过程是如何实现的呢？我们通过视觉、听觉、嗅觉、味觉和触觉等感觉系统，不停地发现并解释世界。我们在自身安全探测系统的探测下理解世界，这种理解包括内部感觉，比如通过内感受来感知疼痛或者饥饿；也包括我们周围的环境，比如噪声和芳香；还包括来自他人的线索，比如他们的长相以及与我们的交谈。在第 6 章中，我们会详细地讲述孩子如何接收感官信息，因为了解这一点是理解他们情绪和行为的关键。重要的是，父母需要明白，那些你认为的挑战对你的孩子来说可能并不是挑战或威胁。这是因为我们过往的经历、我们的基因、我们的体质差异，以及多样的生活经验所导致的。

神经感知对每个人来说都是独一无二的。我们每个人都是通过脑身联结系统来体验内部和外部的感受。有的人有点头疼脑热就会吃镇痛药，并且因为无法预判头疼会加重还是减轻而感到焦虑，其他人却不会把这种程度的头疼放在心上。同样的情形，有的人会痛苦不堪，有的人却不以为意。

孩子也是同理。这也是为什么同样类型的电影，有的孩子坚持不肯看，因为他的安全探测系统认为高音量是令人不悦的、恐怖的和有威胁性的，而另一个孩子却会央求父母带他去看，因为他的安全系统认为这些元素让他感觉既享受又安全。换句话说，**是我们对于安全的感知，而不是客观的情形，决定了我们是否感到安全，也决定了我们身体的安全探测系统会引发哪些行为。**

父母时常对我说，孩子的扰人行为似乎总是突然发生。而神经感知这个概念告诉我们，这种想法错得离谱。孩子们不停地对某些事情做出反应，即便那些事对于父母以及孩子自己来说是不易觉察的。比如，孩子听到直升机的声音从远处传来，他的身体感到不舒服，然后开始大哭，因为他的神经感知探测到了威胁。父母没有听到这个声音，所以对于孩子突如其来的大哭感到困惑不已。而当父母终于听到直升机的声音并意识到孩子被这个声音吓到了，便知道如何安抚他了。几分钟之后，孩子的身体平静下来，从父母那里感受到安全，便又开始笑着跑来跑去了，因为他的神经感知重新感受到了安全。

神经感知这个概念能用来解答当下很多养育问题。当我们思考“孩子的神经系统是否正在感到安全”这个核心问题的时候，其实答案就在当下。通常，孩子无法用言语回答这个问题，但是我们却能从孩子的身体反应看到痛苦的迹象，就好像之前那个孩子听到直升机声音时的反应。我们可以先考虑如下几方面：孩子可能正在经历哪些威胁，这些威胁的来源是什么，以及孩子为什么会感觉受到伤害。

我告诉希瑟和莱斯特，他们的儿子兰迪看起来诡异的行为，比如无法独立睡觉或清洁强迫症，其实都表明他的安全系统正在履行职责，它探测到了威胁，并且指挥兰迪做出反应来找回安全感。我们的任务就是帮兰迪把潜意识中的不安转化为觉察，让他可以有意识地应对并谈论此事。我们帮他在清洁和整理之外，找到让自己感觉更好的方法，从而学会了应对压力的方法。最重要的是，我们帮他意识到自己的身体需要外界支持，并且学会把不舒服用语言表达出来。在压力来袭时，让他能更直接地与父母沟通，而这也是对我们所有人来说最有用的一个方法。

我们每个人都有自己觉察安全和威胁的方式，因为每个人从出生起，甚至还在母亲肚子里时，就有了非常独特的体验。比如，我的一个孩子是早产儿，她从很小的时候就表现出一触即发的反应，这是因为她习惯从环境中捕捉威胁。她的感觉系统根本没有做好准备，让她应对在母体之外的世界遇到的光线、声音、气味和运动等刺激。所以当她还是个新生儿的时候，像是开灯或是我兴致昂扬地和她说话这样稀松平常的经历，她的安全系统也会探测到威胁。她特别容易受到惊吓，因为她的大脑和身体还没有准备好去应对外界环境的刺激，即便有时是来自父母突如其来的宠爱，她的身体也很难适应各种体验。我和我先生后来才发现是我们不经意间过于旺盛的精力刺激了她，比如过多的动作，制造出过分嘈杂的声音，以及太着急给予各种类型的物理刺激。我们以为那是在给她的身体预算“存款”，但其实是在无意间消耗她的预算。我们当时完全不知道，即便是充满好意的互动也可以让她的神经系统感到不适。

我的女儿有些感觉反应过度，或者说是对日常的感受反应强烈。即便客观情形是安全的，她的安全系统也会探测到威胁。所以，当我们把她挪个位置，或高声唱歌，或说话太快，或离她太近，她都会有十分夸张的反应。而那时的我还没能理解自己的嗓音就能引发孩子身体上的不适。

为什么孩子的神经系统会在安全的环境中错误地检测到威胁呢？其实有很多原因，比如基因和体质的因素会让一个孩子天生敏感，导致他对感官体验反应过度。过往的经历会影响孩子，也能够帮助他们预测在未来类似的情形中可能会发生的事情。这就是发生在我的早产孩子身上的情形。她的反应来自遗传基因，以及她的潜意识里关于早期生产手术的记忆。这份记忆在她如何诠释感受以及她的身体试图自我保护这点上发挥了重要的作用。有时候，像是痛苦的侵入性手术，孩子所在环境中过度的压力，早期经历过的失去或分离，都会让孩子的大脑倾向于更频繁地预测危险或威胁，给他的神经系统带来压力。这就是孩子接收信息并对信息做出反应的方式。

我们知道幼儿进入儿科医生诊室时就会忍不住哭泣，是因为他们想起了打疫苗的往事。我们的早期经历形成了潜意识的身体记忆，这些记忆可以被环境中的一些要素激发出来，环境提醒神经系统，这些要素最初已被安全探测系统标记为威胁。我们不可能让孩子一直远离这些经历，但是我们可以将孩子的反应视为线索，以便帮助我们为他们提供情感上的支持。

安全探测系统也以同样的方式作用于成人。当孩子们还小的时候，我经常又累又乏，会为了小事而发脾气。我的身体预算余额总是很低，因为养育三个孩子加上心理学家的研究工作，不停地在消耗我的身体预算。如果早上出门晚了，或在公共场所担心某个孩子走丢时，我就会咆哮着命令他们。当我的身体预算出现赤字时，我就会说出让我事后追悔莫及的话，把我自己内在资源的匮乏投射到孩子们的身上。“快一点！

你怎么这么慢！总是害我们迟到！”其实我想传达的信息是“不要再偷懒了！”当我处在透支的状态，就会对迟到感到更加羞愧。这是我自己的问题，而我却把它怪罪在孩子们身上。睡眠不足、工作压力、身兼数职，再加上打理一家人的生活，时常让我变成一个独裁的控制型母亲。这和我的神经系统觉得安全而又有保障时的自己大相径庭。那时候，我还没有把“神经系统”和“养育方式”有意识地联系起来。

我时常为自己的养育方式感到懊恼，在大发雷霆之后，我又会琢磨，自己究竟为什么会崩溃。我并不是不爱孩子，而是因为我当时不知道繁忙的生活对自己的消耗有多大。我从没听说过“应变稳态”或“身体预算”，但是它们始终存在。在孩子们面前情绪失控通常发生在我没睡好、没吃好，或没有足够的独处时间来充电的时候。

同样的经历，不同的反应

我们的安全探测系统持续地读取内部和外部的环境，以便指引身体采取行动，让我们再次感到安全。如果一个孩子的安全系统探测到威胁，那么我们很可能会观察到由此而产生的相应行为。孩子可能会拒绝或者抗拒做某件事，或很难适应某种情形，就像兰迪在搬家之后那样，就连他之前已经习以为常的事，比如独立入睡，也会突然被安全系统理解为不愉快或者有威胁。这时候，父母就会觉得“伴娃如伴虎”，时刻如履薄冰，小心伺候。当一个孩子的神经系统难以维持身体预算时，我们就会目睹所谓的“消极行为”，比如不配合、过度控制、大惊小怪、抱怨。这些还可能升级成更加严重的反应，如大喊大叫、打人、逃跑，或扔东西。

显而易见，压力会让神经平台变脆弱，但并不是所有的压力都是不好的。事实上，没有压力，发展就会停滞，因为学习和成长需要我们经历变化。我们需要一定的压力让大脑意识到有新的事情需要留意，这就是我们的学习之道。

可预测的、适度的和可控的压力能培养韧性。想一想在幼儿园的教室里，孩子们与父母分离的轻度压力与学习新知识、结交新朋友的新鲜感交织在一起。对于大多数孩子来说，这件事在他们的挑战区以内。经由这份富有教育意义的经历，他们会因为这份可容忍的、适度的、可预测的、“有益”的压力进行不断学习，能够随着时间产生适应性，而不是变得不知所措，这正是培养韧性的途径。

可容忍和可预测的压力能够帮助孩子培养和发展出新的力量，但是当压力不可预测且过大或者过久时，就会威胁到韧性的发展，孩子或成年人便开始承受长期超负荷的压力所带来的苦果。

如果我们悉心照料自己，身心就会健康。但是如果你或孩子的压力过于频繁、过于强烈或持续时间过长，身体预算就会出现赤字。当压力日复一日、年复一年地累积，它所造成的影响，即非稳态负荷，就会对身心造成损害。日积月累的生理性消耗会导致和压力相关的各种疾病，比如高血压、心脏病、肥胖、2 型糖尿病、抑郁症、焦虑症，以及其他成年人的常见病。在接下来的章节中，我们将了解父母给孩子以及自身的身体预算充值的方法，利用这些方法可以保证充足的身体预算。对于所有年龄层的人来说，睡眠是维系身体预算最重要的事，是成功应对生活中各个层面大小事务最重要的基础。

经历长期极端行为或者有情绪挑战的孩子，需要通过帮助来应对压力。孩子出现不适，鲜少是由一件事情单独造成的。一般来说，这些不适是由冰山之下不同因素的组合导致的：孩子近来的经历、睡眠不足、孩子的生理感受，以及孩子是否在你的意识之外耗费了能量来应对压力。**我们所见的行为代表了孩子或者我们自己所积累的压力。**

安全探测系统能够帮助我们理解为什么同样的经历，某一天会让你的孩子崩溃，而另一天孩子却可以泰然处之。区别在于，经历的事件激活了孩子的哪部分感受以及当时孩子身体预算的盈亏状态。孩子们通过不断累积感受安全或威胁的经验来实现身体预算的平衡。

为了说明父母和孩子对于安全的认知有多么独特，让我们来看看两个家庭在应对挑战时不尽相同的方式。然后，我们会回到兰迪的故事，说一说他的家庭是如何在搬家之后给他提供所需的支持的。

坚韧的帕克

在帕克生命的最初几个月里，医生发现他患有心脏病，需要在他长大些之后进行矫正手术。当帕克 3 岁的时候，儿科医生建议他的父母和我见面，在这场手术之前，一起讨论如何在情感上为帕克，也为他们自己做好心理准备。我们第一次见面的时候，帕克不在场，他的父母向我讲述了当初的诊断给他们带来的痛苦。但是，他们也讲述了自己的家庭信仰，这让他们坚信有一个更高的力量指引帕克的问诊之旅。

孩子患病会给很多父母带来莫大的压力甚至创伤，但是帕克的父母却没这么想。值得一提的是，他们也经历了惶恐与震惊，但是他们也从家人、朋友、医生、信仰以及彼此的支持中受益匪浅。这对父母看上去好像找到了一个让自己以及他们的孩子在手术和恢复期间坚不可摧的方法。他们给我看了在家为帕克录制的视频。在视频里，我看见了一个活力满满的男孩正和充满爱意的父母在后院游戏。在那之后，我们只见了几次面来讨论如何与帕克谈论这场手术。

手术成功的三个月之后，帕克的父母带他一起来到我的办公室。帕克开心地依偎着父母，并和父母一起探索办公区的玩具室。然后，他笑盈盈地从母亲的包里拿出了一样东西，是一本彩色的相册，封面上写着“帕克的英雄之旅”几个浮雕字。他开心地给我看他在医院里穿着自己最爱的超级英雄长袍的照片。当他一页一页展示照片的时候，很明显，他十分自豪。他与他的母亲和我一起交谈，分享着他的回忆。显然，他把这次手术当成一次冒险，而不是一次痛苦的经历。他的父母没有把这个情况当成无法应对的威胁，所以他们的儿子也不以为意，这一点让人毫不意外。

需要明确的是，帕克的父母并没有否认现实。手术当然是件令人倍感压力的事，而这个家庭并没有夸大它的严重性。帕克经历了很多次的恐惧和不安，但是他的父母却一直陪着他，帮他应对这些强烈的感受，为他提供安全的信号，比如微笑、拥抱和安慰的言语。他们的支持让帕克能够调整自己的反应，并将事态发展看成是可控的。孩子无忧无虑的言行，以及他自豪地捧在手中的相册，就是有力的证据。他的父母创建并维持了一个强大的支持系统，把对很多家庭来说可能是创伤性的事件变成了一段对他们自身以及他们的儿子来说，不仅可容忍且使其更加坚强的宝贵经历。我告诉这对父母，他们做了所有正确的选择，成就了孩子的坚韧。

恐慌的格蕾塔

拉娜是另一个需要接受治疗的孩子。她 2 岁的时候，母亲格蕾塔在给拉娜洗澡时在她的腹股沟处发现了一个凸起的肿块。格蕾塔的安全系统立刻探测到了威胁，她的胃感受到一阵痉挛。格蕾塔告诉我，几秒钟之后，她就想到了最坏的可能性：癌症。

所幸拉娜并没有得这么严重的病。医生的诊断是腹股沟疝，只需门诊手术就能很快治好。拉娜的儿科医生让格蕾塔和我取得联系，因为在拉娜术前问诊时，通过对格蕾塔的观察，以及她曾在拉娜验血时晕倒在现场的表现，都让这位医生有些担心格蕾塔的情绪。虽然，医疗专家给出的信息令人心安，但是这个母亲的安全探测系统却还是把她女儿相对轻微的病症看成严重的威胁。

手术成功矫正了拉娜的腹股沟疝，她恢复得也很快。几个星期以后，我观察到，当拉娜在日托中心的操场上开心地和其他小朋友游戏时，另一边的格蕾塔却仍然饱受折磨，不停地担心拉娜会遭遇什么不测。我安抚格蕾塔，告诉她拉娜表现得很好，此后我建议她继续找我咨询。在后续的几个月里，我帮助格蕾塔理解女儿的境遇是如何在她自己体内激起那股强烈的情绪和恐惧的。经过深度咨询之后，我终于得知，格蕾塔小时候，癌症夺走了她挚爱的姑姑。因为这段经历，让她在与疾病相关的事情上充满了恐惧和不安。随着时间的流逝，她逐渐明白了自己早先的经验让她的神经系统在应对关于拉娜健康的情形时，更倾向于探测到威胁。

这两个家庭的经历表明，压力对每个人的影响取决于我们的神经系统是如何诠释人生经历的，而并非事件本身。如果我们的安全感只取决于事件本身，那么从逻辑上来讲，帕克的手术风险更高，帕克的父母以及帕克本人应该会经历更多的压力，而拉娜的母亲则会经历较少的压力。事实却正相反，这正是因为人类的安全感会被我们的过往和当下的经历影响。

因此，为了他们，也为了我们自己，停止不由自主地评判孩子的反应吧，要有觉察地，满怀爱心、不带预设地去关心这些经历如何落脚在他们身上。当孩子们出现一些强烈的消极反应时，我们可以通过追溯让他们感受到威胁的经历，去帮助他们巩固强大的神经平台。

获得安全感的两个步骤

当孩子的行为表明他们的神经平台需要提升安全感的时候，父母该如何帮助孩子呢？第一步，在条件允许的情况下，因地制宜地解决或减少引发孩子感受到威胁的线索；第二步，引入一些对孩子有效的安全线索来平衡压力。

有时候，你可能应该等一等，看看孩子是不是能自己解决某个问题。但另一些时候，帮孩子找到并消除威胁的线索非常重要。下面是几个成功的例子。

当孩子 1 岁时

孩子坐在婴儿车里，你推着她在外面散步，这时，她突然哭了起来。你知道这种哭声表明她此时遇到问题了，而不仅仅是累了或者大惊小怪。但是你刚给她喂过奶，换过尿布。你开始思考，她的安全系统到底探测到了什么呢？凑近一看，你发现她正把头偏向你的方向，但是婴儿车的遮阳棚却把你挡住了，她因为看不见你而感到不安。你在婴儿车前蹲下，笑盈盈地柔声安慰她："我就在这儿，亲爱的。一切都很好！"很快，她又露出了微笑。你把遮阳棚折了起来，发现每隔几分钟她就会抬眼看看你，露出灿烂的微笑。

处理威胁：你把遮阳棚折起来让她能看见你，就帮她减少了不确定性。婴幼儿感受到安全的一个最主要的方式就是看向他们所爱的人。

引入安全线索：你对她笑，用你的声音来安抚她，然后不断地用温柔的声音和她说话，让她感到更安全。这些线索都能够帮助她的身体重获安全感。

当孩子 5 岁时

孩子第一次穿上新校服，几分钟之后就开始大喊大叫，唠叨抱怨。他说他讨厌校服，不想去上学。你知道，他不喜欢某些偏硬的布料，便柔声地告诉他，他看起来有些不舒服，然后等待他的回答。他认同，然后忍不住哭了起来。你让他参与解决问题，问他能不能想到什么解决方案。他告诉你想穿旧 T 恤衫去上学，但你知道这不行。你想起车库里有一箱旧校服，你问他想不想试试，旧校服会软一些，当他穿上以后，身体明显地放松下来，并热切地问你“什么时候开学”。

处理威胁：当你注意到他的身体因为新校服引发的由内而外的不适时，你认真地对待了他的生理反应，放慢了进程，并让他参与制订了解决方案：找一件更加柔软的校服。

引入安全线索：你没有立刻下判断，而是保持了冷静，并且认可了孩子的身体对突如其来的消极经验产生的反应。你了解到这是他“自下而上”的反应，而不是故意的挑剔。你用你具有共情力的声音、你的面部表情、你始终如一的陪伴，以及提供合理的替代方案，为他引入了安全的线索。

当孩子 10 岁时

孩子突然变得孤僻。几天之后，她承认，在学校里有几个伙伴正在欺负她。你很高兴她愿意与你敞开心扉，又问她是否想到什么解决办法。她问能不能给老师写信，或者和老师还有你一起商量解决方案。然后她又问能不能在周末请几个亲近的朋友来家里玩儿，和她们计划一些有趣的活动。

处理威胁：发现她为一些事情困扰，你给了她与你谈论的时间和空间。你接纳的语气，让她能定义问题并且和你一起积极地想出解决方案。

引入安全线索：你知道她有一群值得信赖的朋友，被朋友关爱能让人感到安全。你愿意在周末招待她的朋友，给她的神经系统增添有力的安全线索，因为她知道朋友们都很喜欢她。

BRAIN-BODY PARENTING
脑身教养法要点

不要用孩子表达情绪的方式来评判他

当父母关注孩子的情感体验时，就能够帮助他们扩展情感范围，并帮助他们培养抗压能力。父母通过灵敏地捕捉孩子对生活中大小事的独特诠释，而不是预设孩子该有的反应，便可以帮助孩子巩固神经平台。**一个处于困境中的孩子不一定想要故意为难父母，而是他正在经历一种抗压反应。**这种心态上的调整能够帮助我们避免在脑海中思考或者直接大声说出评判，比如“他反应过度了”“别想这件事儿了”“给我硬气些！”。

我们也需要特别小心，不要用孩子表达情绪的方式来评判他。孩子外在的表达并不一定能够准确反映他们内在的感受。比如，你可能看到孩子用你觉得不合时宜的方式，在某件严肃的事情上嬉皮笑脸。同样地，一个眉头紧锁的孩子可能正在经历愤怒、沮丧、专注，又或者正在经历其他某种情绪感受。我们可能也无法准确地理解孩子的行为所表达的含义，同时，我们给出的回应可能也无法满足孩子的底层需求。

不把孩子的反应评判为“合适”或者“不合适”，而是把这些试探性的行为看成孩子的身体预算需要通过亲密关系进行充值，比如父母理解的眼神、温柔有爱的声音，或一个拥抱，而不是暂停法、说教、惩罚等消耗。这和美国文化中常见的把行为看成“好”

或者“坏”，“听话”或者“不听话”的做法背道而驰。这是一个帮助我们看待和评判孩子行为的范式性的转变。

认可孩子的情绪，理解他们无意识的反应，就是在帮助孩子在世界上建立安全感和信任。很多人都不是这样被抚养长大的。当我们感到恐惧，而父母却不以为意时，他们可能会满怀好意地对我们说“宝贝，没什么好害怕的”。当我们成为父母后，则应该对孩子的不安或安全感表达认可。我们可以说：“我看到你正在为此挣扎，我在这里陪着你，你不是一个人。”这表明我们发现他们遇到了困难，随时可以提供帮助。

另一个制造安全感的方法是在家庭生活中建立可预测性和灵活性。知晓接下来会发生什么事能让身体和大脑感到更加安全。人类喜欢规律，当生活有规律、符合预期时，人们就会感到安全。想一想，上一次计划突然被改变的时候，你的孩子有什么样的反应。如果是某种消极的反应，很可能是因为孩子预期的规律被打乱，让他们倍感压力。简单的日常流程，像是睡前仪式，比如一个拥抱、读一本书、讲一个故事，只要是能够安抚孩子，让他们感到可靠的事，都能帮助他们建立一个强大的神经平台。固定的三餐时间是另一个建立可预测性的机会，且不需要花费额外的时间。将可预测性融入放松又愉悦的用餐闲聊，我们就可以从中获益，缓解压力。生活不可能每时每刻都可预测，而我们也并不希望那样，因为我们的韧性正是通过应对挑战和改变来发展的。同时拥有可预测性和灵活性才是常态，当生活超出了你的预期，让孩子看见你能够应对突如其来的变化，那么这就成为孩子学习坚韧的契机。

频繁夜醒的兰迪

兰迪遇到的困难是由于丧失了生活中可预测的事情而导致的。举家搬迁以后，兰迪和父母莱斯特、希瑟以及妹妹都饱受折磨。兰迪以前能够一觉睡到大天亮，而现在几乎每天凌晨都会醒来寻求父母的安慰。曾经从容的他，开始出于惯性地打扫和收拾妹妹的玩具。这种“寻求掌控感”的行为表明孩子最基本的安全感已经受到威胁。

一切熟悉的事物都从生活中消失了，这让兰迪的身体预算产生了巨大的消耗。兰迪的种种行为表明，他的身体和大脑正在奋力管理着他逐渐减少的资源。我知道，兰迪需要的是父母的帮助，以巩固他脆弱的神经平台。首先，为了找到佐证，我让莱斯特和希瑟观察兰迪半夜醒来时身体是否出现压力反应，比如心跳过快、手心出汗。不出意料，他们发现兰迪两者皆有，他的身体已经不堪重负。

我向莱斯特和希瑟解释，兰迪的行为是一种适应性的表现。现在兰迪离开了以前的老朋友、老房子、原有的学校和社区，他的行为表明他的神经系统正与他的焦虑鏖战，他需要找回安全感。正因为我们是社会性物种，我们可以帮助孩子感受安全，可以通过父母的关爱以及亲密的亲子关系做到这一点。

兰迪的需求是想要和父母建立亲密关系，即使在大半夜，他的神经系统也在发挥作用，寻求他所需要的安全感。当孩子感受到威胁时，能够去靠近他们所爱、所依恋的人，其实是一种正常而又让人高兴的事情。无眠的夜对每个人来说都不是件容易的事，再想想搬家对兰迪生活造成的方方面面的影响，他的这些行为就不难理解了。

当孩子们感到失控时，他们往往试图掌控生活中所能控制的简单的事情。对兰迪来说，看到吸尘器把地上的尘土一扫而尽，让他感受到了可预测的快感。这么做能让他暂时放松下来，把注意力转移到某件事上，而不只是惴惴不安。兰迪的清扫行为是他的身体需要安全线索的反应，这也是他需要额外支持的另一个信号。

理解了兰迪对于安全感的追寻，莱斯特和希瑟对儿子有了更多的关怀和同理心，少了几分忧虑。他们把兰迪的行为看成他潜意识里对安全感的追寻。用刚才讲到的“处理威胁—引入安全线索”两步法，我们一起设计了一个方案，帮助兰迪平复他的安全探测系统。

处理威胁：莱斯特和希瑟耐心地和兰迪回顾了他所经历的变动，并询问他最怀念曾经的哪些人事物。兰迪说他想念他的朋友、老师，还有他和妹妹共用的卧室。他满脸倦容地承认，他真的特别不喜欢自己单独待在一个房间，晚上一个人睡觉让他感到害怕。

引入安全线索：感受到父母的坦诚，兰迪卸下了内心防御，彻底说出了他的心事。在一次咨询中，我问兰迪，怎么做能让他在新家中有更多的归属感。兰迪想了想，他问自己能不能搬到妹妹的房间。他的父母答应了，兰迪的小脸立刻明亮了起来。他兴奋地提议，另一个房间空出来可以变成他们的玩具室。

我也建议他们一家人在睡前多花一些时间共度一段平静的时光。在睡前的一小时，一起看看书，或者安排一些其他安静的活动。不到一个星期，兰迪就不再半夜醒来了。对于所有人来说，这都是可喜可贺的胜利！兰迪还参加了足球队，很快就结交了新朋友。几个月之后，兰迪问他能不能重新拥有自己的房间。这些新增的安全线索有效地帮他放松下来，并让他变得更加独立。

就像兰迪的父母学到的那样，理解人类对于安全的最基本渴求还有另一个值得一提的好处，那就是帮助我们在面对孩子的行为时，少一些批判和恐惧。我们不再指责孩子蓄意而为，而是将其看作一种保护机制。这样，我们就帮孩子建立了强大的自我认知。这种认知建立在对他们身体反应的尊重之上，而非自我苛责。

无论孩子还是我们自己，从接纳变成防御，或从冷静随和变得别扭、暴躁甚至完全失控，其中蕴含了丰富的信息。这些信息帮助我们看清孩子行为背后那些隐蔽的原因。这相当于打开了一个新思路，即从寻求安全感这个富有同理心的角度，用关怀和同情看待孩子的行为。

每个人对于压力的感受是主观而又独特的。它决定了我们的神经平台是稳固还是脆弱。神经感知，即我们所说的安全探测系统，是一种脑身协作机制，让我们维持安全状态并存活下去。理解这一点后，下一个问题就是，安全感或危机感是如何在孩子身上产生的。

在第 3 章中，我们将了解神经系统会根据孩子大脑和身体所感受到的安全与希望的多寡而产生不同的通路，这些通路将会影响孩子的行为。当父母理解了安全感如何影响身体预算的支出之后，便能更多地尝试探索从孩子的行为和非言语表达中获取信息，进而指引父母的养育决策。

培养韧性的建议

把孩子的行为和情绪视为他们对安全、困难和威胁的一种主观反应。人类都需要被爱和安全感，满足孩子的这两项基本需求是父母送给他们的最好的礼物。这将为他们接下来的人生打下坚实的根基。

BRAIN-BODY PARENTING

第 3 章

三大神经通路，找到孩子的压力开关

大多数不当行为实际上是求生的表现

我们的身体永远在做它认为对我们最有利的事。

——斯蒂芬·波格斯

像大多数父母一样，当我的某个孩子目中无人时，对我说了无数遍的事情置若罔闻时，或和姐妹推推搡搡时，我也时常感到困惑。到底是什么触发了这些行为？我应该立刻管教他们吗？是否应该和他们说说行为的后果？还是抱着“长大了就好了”的想法忽视这些行为？

作为一名心理学家，我对心理学的不同思想流派和方法再熟悉不过了，但这只能让我更加迷茫。

当我开始了解正是因为身体和大脑的相互作用才产生了孩子的行为反应时，我才逐渐厘清了我的养育决策。我不再把孩子的行为当作冒犯，而是学会理解这些偶发的暴怒和崩溃，并从中获取关于孩子的信息。当我了解了适应行为是如何产生的，我就对自己的养育本能更加有信心了。

其中一些信心来自我对神经感知这个概念的理解。它是我们的神经系统探测和诠释威胁的方式。但是还远不止如此，我们的大脑和身体对这些信息的处理方式会因其在我们的神经系统中的表现而有所不同。本章会介绍自主神经系统的三个主要通路，以及了解它们如何帮我们在养育孩子时更有目的性和方向性。下面我们先从一个典型的挑衅行为开始说起：拒绝吃晚餐。

卢卡斯 11 岁的时候，他的父母注意到他有一些异常行为。此前，他一直是个听话的孩子，谁都没想到他会忽然拒绝吃晚饭 。通常，卢卡斯的父亲从课外班把他接回家后，卢卡斯会先做作业，然后玩半个小时的电脑游戏。晚餐时间到的时候，他就会关机，虽然有时候有些不情愿。

忽然某一天，这份不情愿变成了一种对父母的敌意。父母叫他吃饭的时候，他拒绝过来，并且大喊大叫，骂骂咧咧，然后冲出房间。他的父母也不明白是什么导致了卢卡斯性情大变。

他们尝试着问卢卡斯到底怎么了，但丝毫没有作用。为了鼓励卢卡斯听从安排，这对父母做了一张行为表，并答应他，如果他能更好地安排自己的时间，就能得到奖励。但是，这个计划也失败了。父母警告卢卡斯，如果他还是不肯端正行为，他们就会取消让他玩游戏的特权。然而，他的对抗行为毫无改善，最后，这一家人只好向我求助。

尽管卢卡斯的抵抗让父母头痛不已，但他的行为仍然能够为他的父母提供有用的信息，进而指导他们做出养育决策。在本章中，我们将会分析，如何理解在孩子及我们自己的身体、行为、神经系统中所观察到的信息，进而通过这些信息获得有价值的线索。我们会发现，人类拥有惊人的适应性，我们可以通过优化孩子的神经平台来帮助他们面对或大或小的挑战。

孩子的行为会传递哪些信息

行为中隐藏的信息

仅仅是观察孩子的行为，父母就能收获颇丰。孩子的大脑和身体不停地从内部和外部环境，以及与他人的互动中读取信息，然后根据这些信息启动一系列的行为。简单来说，我们总是在倾听、观察、移动、闻嗅、品尝、触摸，并在身体深处吸收这些感觉，并通过内感受体会身体内部的感觉。通过以上这些方式，我们的身体能够理解来自身体内外美妙而又混乱的日常，并因此产生感受和行为。

感受，从一般意义上来说，有两个主要的特征：愉悦或不愉悦的感觉，被称为效价；以及平静或躁动的程度，被称为唤醒度。一个人的感受往往是效价和唤醒度的组合。我们通过观察孩子有多躁动或者多平静，以及这份躁动或者平静是从愉快还是不愉快的连续过程中经历的就能得到很多宝贵的信息。一个边哭边把食物从晚餐桌上扔下去的孩子，正处在高唤醒度和消极效价的经历中也就是高度痛苦中。在其他时间里，还是这个孩子，他可能又在客厅里精力充沛且放松地翩翩起舞，此时，他正处在高唤醒度和积极效价的经历中。

行为也为孩子平衡身体预算提供了丰富的指标。父母在孩子成长早期能为他做的最重要的事就是通过有爱的互动帮助他们平衡身体预算。我们需要成为敏锐的观察者，发现孩子为何会出现某种行为，而这种行为又代表了孩子身体的何种需求。我们如何确定曾经的经历给孩子造成了怎样的影响呢？这需要观察孩子，以此来预测他们的神经系统状态，并去发掘他们需要消耗多少能量来保持身体的平静。

行为只有“好”和“坏”吗

人体有好几个神经系统。大多数人熟知的中枢神经系统，由大脑和脊髓组成。此外，还有周围神经系统，它包含了负责骨骼肌运动的躯体神经系统和自主神经系统。自主神经系统的工作是自动地调节血管以及汗腺这些内部器官及其功能，以保证我们的身体处于内部平衡。自主神经系统，顾名思义，是自动的，不受我们主观控制。它会对我们感受到的安全和威胁做出反应，指引我们据此采取不同程度的行动。自主神经系统有两个主要分支：交感神经和副交感神经，二者对我们的脏器有着不同的影响。本章将聚焦自主神经系统，根据孩子和你自己的身体与大脑的经历，为你们提供量身定制的养育路线图。

父母习惯于将行为视作“好”或“坏”，把孩子看成“表现好的”或“表现差的”、“礼貌的”或“无礼的”。显然，孩子们的实际情况要比这些二元对立的情况复杂得多，并不是所有的行为都是故意或自愿的。如果你曾经在孩子或者亲人面前大发雷霆，你就能明白这一点。你有没有想过，你或者你的配偶为什么会失控？就像我们说过的那样，失控发生在我们的身体探测到高强度的挑战或者威胁的时刻。这会让孩子的行为与通常情况下他处在安全和可控时的表现有所不同。把有目的的不当行为与自主神经系统因突然的变化而产生的行为区别开来是至关重要的。这有助于我们根据孩子神经平台的状态做出相应的反应。

影响行为的脑身通路

根据多层迷走神经理论，我们的身体通过三条通路来对每时每刻的体验做出反应，以保护我们的安全。前两条通路分别是背侧迷走神经和腹侧迷走神经，属于副交感神经。第三条通路叫作交感神经系统。每一条通路都是本能地，也就是自动地根据我们随时探测到的威胁或安全的程度，来指引我们身体内部产生反应并做出行为。每一条通路都有其独特的接受性和可及性，即有着独立的从开放到防御的范围。了解这几条通路，同时了解自己和孩子处在哪条通路之上，对于恰当地回应和支持孩子的需求是至关重要的。但是别担心，你不需要记住这些科学术语。接下来我会提供一个速记法帮你记住这些核心概念。

成人和孩子都有这些通路，所以这些通路对于我们检视自身和孩子的反应十分有用，而观察就是最有力的工具。通常，我们在思考孩子行为的潜在含义之前，就已经采取了行动。**当我们慢慢转变成一个不评判的观察者时，我们就能重新审视孩子的行为，并摆脱冲动之下的行为。冲动养育往往会导致糟糕的结果。**现在，我们来看看这三条神经通路的特点，以及该如何使用这些通路信息来指导我们的养育决策。

神经通路，解读行为和情绪的密码

一个人身体运动的速度、表情、姿势以及他的声音，都可以传达一些神经系统的状态信息。每个孩子都是独特的，父母需要去捕捉那些表明孩子自身神经系统状态的信号。这需要父母从内而外对自己和孩子有一个全新的认知。

在不远的将来，我相信会有各种测量自主神经系统的技术问世，就好像智能手表能够测心跳一样。当然父母并不需要这些先进的科技来了解自己应该如何支持孩子，其实父母只需要陪伴孩子，并在和他们的互动中观察他们就够了。

绿色通路：安全可靠，兼容并包

多层迷走神经理论将腹侧迷走神经称为“社会参与系统”，简称“绿色通路”。处在这条通路中，人们会感受到安全，能够与他人合作，愿意与周围世界产生联结。当身体感受到安全的时候，我们就处在绿色通路中。

当我们处在绿色通路中时，会向他人传递联结和沟通的信号。这条通路促成了孩子的学习和成长，也促成了我们做出最佳的养育行动，因为它能增强我们的能力，比如体验快乐和游戏的能力、思考的能力、行动计划的能力。当我们的能力发展到某个水平时，这条通路也会为我们控制自己的情绪和行为提供支持。

处在绿色通路时，人们通常会有充足的身体预算和接受的能力。此时，父母与孩子最愿意以积极的方式相处。我在此处描述的言语和行为与我在咨询工作中所观察到的相一致。当然，这些描述只是通用的表达，请读者不要只关注某个个别的词语或者行为，而是应该把这些描述放在一起看，这样才能帮助你更好地理解，并且是有根据地辨别孩子的神经系统被激活的程度。

当神经系统处于绿色通路中时，人的状态可以用以下词语进行描述：

- 安全可靠、平静、满足、开心、愉悦、合作。
- 游戏、专心、警觉、专注、接纳、开放、平和、参与。

在身体层面，我们可能会处于以下状态：

- 集中的注意力。
- 放松的体态，而不是咬紧牙关或紧握双拳。
- 规律而有节奏的呼吸与心跳。
- 能发出各种各样的声调，而非单一声调。
- 适宜而又平衡的身体反应，不紧不慢的动作。
- 微笑、放松而又平和的面部肌肉。
- 警觉、明亮、有光的眼睛。
- 咯咯笑或其他愉悦的表情。

当孩子们处于绿色通路时，就会对我们以及周遭的世界敞开心扉。在这条通路中，孩子们感到安全、开放、有空闲。孩子们享受游戏，并且愿意尝试和学习新鲜事物。**如果父母想鼓励孩子走出自己的舒适区，那么此时就是最好的尝试时机，即孩子的神经平台处于绿色通路这种最具接受能力的时刻。**

处于绿色通路时，我们最有可能相信自己的直觉，并对孩子保持耐心。我们能更好地控制自己的情绪，做出深思熟虑的决定，而不再被担忧、狂躁的想法以及心跳加速所影响。与孩子及他人在一起，我们能感受到更多的幸福、乐趣、空闲、积极与鼓励。此时我们往往更喜欢社交，与他人为伴。如果这是滋养你的事，那就去做。就我个人而言，独处比社交更能帮我充电。

绿色通路带给人安全感、光芒和愉悦

温暖而善解人意的养育方式能从根本上为孩子建立一个强壮的神经平台，这会让孩子从童年开始受益。孩子们在这条通路中感受到安全，而这又自然而然地推动他们去做孩子天性最爱做的事：沟通和游戏。

比如，当一个 1 岁的孩子发现了走路的乐趣后看着你并寻求你的微笑支持，或是一个学前儿童自豪地给你看他刚完成的画作，或是一个 8 岁的孩子和你一起散步并告诉你在学校里遇到的问题。这些都发生在孩子感到安全的时刻，此时绿色通路让他们乐于沟通。

儿童精神科医生斯坦利 · 格林斯潘用“眼中有光”来描述那些能够参与快乐游戏的成人与孩子。当你看到无论多大的孩子，他的眼里泛着光，脸上挂着平和的微笑，或游戏时协调的肢体动作，你就知道他正处

在绿色通路中。很有可能，孩子眼中有光的时候，你的眼里也泛着同样的光。在这条通路中，我们体验到愉悦、安全和联结。

试一试

想一想你和孩子共度的最温暖、舒适、愉悦的时刻。把你的注意力放在这些回忆所带来的感受上。什么样的活动或环境会让你和孩子眼里有光，或产生更加深层次的联结感？如果你很难回忆起这样的时刻也没关系。在接下来的章节中，我们会讨论如何更频繁地制造这类回忆。

没有人可以永远处在绿色通路中。人类是具有直觉性和回应性的物种。生活永远在更迭，不可预测，充满了我们必须不断应对的障碍和挑战。所以，把绿色通路看成是“好的”，而把其他通路看成是“坏的”，这种思路毫无用处。**所有的通路都是适应性的。**当我们遇到困境和挑战时，我们的神经系统将会在不同的通路之间切换。当神经系统处于高度激活状态的红色通路和处于动弹不得状态的蓝色通路时，身体预算需要支出更多的能量，但重要的是，父母需要判断孩子何时需要我们的帮助，重新回到平静和稳定的绿色通路，何时需要我们适度地抽离，让孩子自己找到出路。这是一个不断平衡的过程。让我们先多学一些关于通路的知识，再来分享父母应该在什么时刻以及如何帮助孩子。

我们的目标是拥有一个可调节的神经系统，在它离开绿色通路的安全和联结状态时，我们能够意识到这一点，并能从另外两个自主神经系统的通路中找到回去的路，这就是我们现在要探索的。

红色通路：动起来

当安全探测系统探测到过多的挑战或威胁时，我们会本能地从绿色通路切换到更具防御性的红色通路。用脑科学的术语来说，这是一种生物行为反应，让我们采取行动保护自身不受威胁侵扰。这意味着我们可能会做出某些动作或某种行动，比如动一动你的嘴唇，或者移动你的全身，或者语无伦次地大声说气话，击打、推搡，甚至逃跑。感受到威胁的人，为了重获安全感，会忍不住动起来。

当我们的神经系统探测到威胁时，我们就会偏离绿色通路，进入一个自身行为和情绪失控的过程。神经系统会自动进入红色通路（交感神经系统），激发出非战即逃的行为。当卢卡斯的父母让他停止玩游戏去餐桌上吃饭时，他因挫败而开始大声辱骂、摔门而出就属于这类行为。

当神经系统处于红色通路中时，人的状态可以用以下词语进行描述：

- 愤怒，有攻击性，有敌意，有破坏性。
- 不顺从，挑衅，发脾气，过度活跃，爱争论，倍感压力。

在躯体层面，我们可能会见到：

- 激烈而又狭窄的注意力，或持续的神游加上断断续续的注意力。
- 逃走，不停地动来动去。
- 快速、无规则、冲动的举动。

- 拳打脚踢，攻击，吐口水，跳跃，扔东西。
- 快而浅或不规则的呼吸。
- 加快的心率。
- 尖叫，大声，充满敌意，粗暴或者刺耳的声音，失控的笑声。
- 眼睛紧闭或者圆睁。
- 紧张的面部肌肉或紧闭的下颌。
- 多种不同的面部表情或勉强的微笑。

神经系统处在红色通路中的孩子，是听不进去任何道理和要求的。他们一般会表现出失控的行为。在不太严重的情况下，面对不太难的挑战，孩子可能仅仅开始躁动、哭哭啼啼、抱怨或拒绝听从指令。在比较极端的情况下，他们可能会发脾气、打人或逃走。孩子在情绪和行为上的转变速度快得惊人，因为通路可以瞬间从绿色转为红色。

大多数艰难的养育时刻发生在我们的神经系统处在红色通路时。此时，我们很容易被触怒而失控，说出追悔莫及的话，做出懊恼不已的事。在红色通路中，可能在你意识到之前，一些残忍、无情或伤人的话就已经脱口而出。你可能会升起一股强烈地想要管教孩子的欲望，可能会说些不符合平时风格的话，做些不符合平时风格的事，或开始感受到一些生理症状，比如全身发热、心跳加速、手掌出汗，或胃痉挛。神经科学家巴塞尔·范德考克（Bessel van der Kolk）在他的著作《身体从未忘记》（*The Body Keeps the Score*）中总结了这种现象，即身体和大脑会在同一时间遭受压力。

红色通路发出“活动”的信号让人类快速脱离险境，比如当我们面临被动物捕食的危险时，我们要么战斗，要么逃跑，所以才有了“非战即逃”这个词。当我们的安全探测系统发出需要战胜威胁的信号时，这条通路就会启动。安全探测系统是否被触发，取决于个人独特的反应。所以有时候孩子确实处于安全状态，但他们也可能表现出“非战即逃”的行为，就像卢卡斯那样。同样，在第 2 章中，我们讨论兰迪在搬家之后突然不能分房入睡，也是如此。兰迪的理智告诉自己是安全的，但是他的安全探测系统却需要一段时间才能意识到这个现实。孩子需要支持的信号，而非父母对于某个情境的客观评估。父母需要依据“孩子身体的反应和孩子的身体预算产生的损耗”提供支持。

试一试

回想一个你自己或者孩子，或你们俩一起落入红色通路的时刻。试着去回忆当时孩子身体和面部表情是什么样子的。试着回忆当你应对这个情形时，自己的身体有什么感觉？不要在这里逗留过久，只要能回忆起它带给你的生理记忆就好。试一试，不要去评判自己或孩子。观察我们自己身体的反应对于帮助孩子回到绿色通路至关重要。简单地回忆这些时刻，可以帮助父母明白当这些感觉和感受出现时，我们应该怎么办。

我们都有这样的时刻，当时的所思、所说、所做都是处在红色通路中的产物，这就是生而为人不可或缺的一部分。我们都有被点燃的时刻，也有情绪和行为失控的情形。关键是带着检视的心去觉察当下正在发生着什么，并且在条件允许的范围内，尽可能快速地调整路线，重新回到绿色通路中来。

红色通路的行为不是“坏”行为，而是防御性的

当孩子恰好处在红色通路中时，他不太可能有效地调节或控制自己的行为。事实上，身体和大脑正在试图保护他，随之而来的行为可能看起来是消极的，但是从这个角度来看，这些行为却又是具有防御性的。

理解这一点十分重要，它能帮助我们转变对孩子严重破坏性行为的看法。与其把红色通路的行为看成是“坏的”，不如把它们看作孩子正处在“脆弱”状态的信号。这些信号正在帮助孩子本能地保护自己，那些行为不是故意的或粗鲁的行为。这些就是我们在第 1 章中讲过的“自下而上”的自我修复行为。当一个孩子“变红”时，父母需要调整自己的养育方法。在红色通路中，孩子无法良好地思考或者行动，因为此时的他们过于躁动不安。此时此刻，惩罚孩子往往事与愿违。在红色通路中，孩子的状态不是接受性的，而是防御性的。一个处在红色通路中的孩子，正在以极高的速度消耗着自己的身体预算。这种高额的消耗是有目的的。但这个目的并非像很多教育工作者或那些关注如何应对行为的咨询师所想的那样，是为了逃避什么或获得什么。真正的目的是安全地活下去。**惩罚只会让孩子陷入更深的红色通路困境**。

重申一次，触发孩子安全系统发出警报的原因并不一定是环境中存在的真正的危险。有时候，孩子的神经系统会在那时那刻把无害的东西当成威胁。就像卢卡斯的案例，在这个状态中，成年人的言语和逻辑都会被他当成耳旁风。

这种反应有生理层面的原因。当孩子处于红色通路时，他们很难辨别人类嗓音中不同的声音。此时，交感神经正火力全开，中耳的肌肉会

从分辨人类嗓音的细微差别中移开，转而去聆听低频和掠夺性的声音。这也就解释了为什么当孩子或成人处于高度激活状态时，似乎听不进去任何声音，因为他们听到人声的能力会大打折扣。在这种被激活的状态下，人们也会误读面部表情信息，可能会把一个普通的表情看成是愤怒的表情，促使安全探测系统启动防御机制。这也是当卢卡斯“变红”时，他的父母没办法和他讲道理或讨论这件事的原因。他的身体做好了“行动”的准备，而不是推理或聆听。

让我们再看一次形容红色通路行为的词语，很多行为容易被理解为故意为之的不当行为。当我们预设孩子的行为是故意的，大多数父母都会倾向于管教或其他方式，因为父母想要尽快纠正孩子的行为，不希望他们因此受伤。

当我第一次经历孩子的“红色通路”行为时，我也有同样的感受。当时，我正在一位亲戚的生日聚会中放松休息，目睹自己 3 岁的孩子突然咬了她 5 岁表哥的肩膀。我大吃一惊，尴尬不已，赶紧站起来，对着女儿大喊大叫，女儿立刻泪流满面。我感到无比困惑，因为我确信她明明知道自己不应该咬别的孩子，可是我不明白为什么她还要这么做。

我没有意识到的是，女儿和我一起进入了红色通路。她咬人并不是故意的，而是安全系统探测到威胁时的一种默认反应。当时，我并不明白孩子的神经系统会无意识地“选择”这个行为。这不是预先计划好的不当行为，而是一个自动的受压反应。我更没有意识到的是，女儿的身体对于环境中的变化以及某些声音和音量，有着过度反应的倾向。这场她人生中第一次参加的盛大生日聚会，纷乱嘈杂，直接吞没了她的绿色通路，让她落入了红色通路。她的身体开始攻击离她最近的东西，恰好就是那个无辜的表哥。目睹女儿当时的行为，也让我立刻落入了红色通路。如果当时我对脑身联结有所了解，就不会对着女儿咆哮并羞辱她，也不会让她的安全系统感受到更加可怕的威胁。我俩当时一起陷入了一团糟的境地。

很多红色通路中的行为反映的是孩子的脆弱，这种“非战即逃”的反应具有保护性，并非孩子有意违抗。这也是孩子需要帮助，而非加强管教的信号。

蓝色通路：断裂和逃避

红色通路与运动密切相关，而背侧迷走神经通路，也就是所谓的蓝色通路，则恰恰相反。当一个人感到被外界吞噬时，他会通过断开与世界的联结来保存能量。当一个人处于蓝色通路时，我们可以看到、听到并且感觉到这种联结与参与感的缺失。卢卡斯偶尔也会处在蓝色通路中，他告诉父母自己觉得精神恍惚，想要在床上连续躺上几小时，不想理任何人或回答任何问题。

当神经系统处于蓝色通路中时，人的状态可以用以下词语进行描述：

- 悲伤，缓慢，空白，疏离，游移。
- 冷若冰霜，消失，绝望。

在躯体层面，我们可能会见到：

- 缓慢而又少量的动作，无精打采，漫无目的地闲逛。
- 显而易见的昏昏欲睡或退缩。
- 鲜少或根本不愿探索，无法参与游戏，丧失好奇心。
- 缓慢的心跳和呼吸。
- 动作迟缓甚至动弹不得。
- 用单调无变化的嗓音说话，或发出冷漠、低沉或忧伤的声音。
- 目光呆滞，垂着眼睛，或不想与他人目光接触。
- 面无表情，毫无笑意。

我们都会经历这种断联和走神的瞬间。有时候，出于充分的理由，孩子需要自己待一会儿，在安静中充电。我们期待这样的行为，但我们每个人对于独处都有不同的需求。由于所有的通路都是适应性的，我们大多数人都会有处于蓝色通路的时候，但是我们不想永远待在那里。在极端的情况下，蓝色通路表明一个人的神经系统探测到了极高强度的威胁，于是开始防御性地保存能量。在这条通路中，大人和孩子都会感到空虚、沮丧、绝望或失落，而他们都需要给身体预算存入一笔较大的资源。

值得注意的是，父母往往并不是一直把这条通路和压力联系在一起，因为孩子可能看起来过于自足或者过于平静，换言之，孩子看上去好像处在绿色通路中，而事实上却在蓝色通路中。想区分处在蓝色通路中的孩子和真正平静的孩子，主要看他们是否愿意与你互动，一起探索他们的世界，一起游戏。

大多数人偶尔会情绪低落或暂时陷入困境之中，但是如果一个孩子断联过久并卡在那个状态出不来，就需要引起我们的重视。这时，孩子需要额外的支持来感受慰藉，从而重新回归与人之间的互动与联结。

当父母处在蓝色通路时，我们可能会感到空虚、与世隔绝、迷雾重重、不知所措、无法思考或行动，甚至整个人都动弹不得。这种迹象表明，你需要尽快做一些事，让自己重新找回与他人的联结，补足透支的身体预算。孩子需要父母头脑清醒，能够及时满足他们需求。如果你发现自己和孩子之间的联结正在断裂，无助与绝望的感受已持续数周甚至数月，那么寻求专业的支持就变得尤为重要。专业人士会帮助你重获联结，你也会发现彼此互助是人类重要的力量来源。

试一试

想想你或你的孩子感到联结断裂的时刻，你是否能回忆起自己身体里的感受和脑海里的想法？有意识地回忆这样一种痛苦的时刻，虽然情感上会很痛苦，但是哪怕只用短短的几分钟去回忆，都有助于让你意识到自己在寻找什么。这种感受是人类经验的一部分，而幸运的是，大多数人不会长久在那里驻足。

比如卢卡斯并没有长期逃避交流，他的神经平台大多数时间会让他选择大喊大叫或冲回自己房间之类的行动，而非保持沉默。虽然红色通路中的行为让父母感到不好应对，但是即便父母因此感到挫败，至少孩子还在与他们互动。蓝色通路中的行为看起来更像是放弃。下次，如果孩子处在红色通路中，情绪和行为失控了，你应该钦佩孩子的神经系统在面对压力时能做出如此健全的反应，这么做可能会有所帮助。

混合通路

虽然给通路标记不同颜色对于描述自主神经系统的三个不同状态很有帮助，但是现实显然更为复杂。一些研究人员正在探究不同的通路是如何混合或者重叠的，比如冥想状态叠加了蓝色和绿色通路，一个人既能相对静止，又能同时感到安全，所以冥想就是一个保持静止却又让人安全的活动。我们从研究中得知，静止而又感到安全的状态是健康的，并且会减轻身体中的压力。在安全通路中，正念、祈祷和瑜伽等不同形式的活动也可以保持精神静止状态。

游戏时也可能掺杂着混合通路。在游戏中，绿色和红色通路会共同运转。在第 8 章中，我将讲述游戏如何给大脑提供练习的机会，帮助孩子消解情绪上的挑战。**此外，一个看上去安静或者没有反应的孩子，内心可能处在被激活的状态。他的身体内部可能有类似心跳加速等红色通路的特征。**在很多孩子身上，我也观察到了这种状态。他们通常在学校里表现出不同程度的焦虑和过度警惕。这些孩子可能看起来是“好”学生，但是他们的内心相当不安和躁动。即便表面上看起来，他们可能平静无事，但实际上，他们有着脆弱的神经平台。这样的孩子可能只在家里表现出破坏性的行为，因此父母会因为老师口中孩子出色的表现而感到诧异和不解。

有时候，父母知道孩子在学校有不安全感，但老师可能对此会感到吃惊。这些处在过分警觉的混合通路中的孩子总是被忽略，因为他们看起来十分顺从。我们不能把“表现好”或顺从的孩子，与处在绿色通路中感到安全的孩子混为一谈。孩子可能感受到了威胁却没有能力谈论或者表现出来。我们需要近距离地观察孩子的全部，包括他的表情、说话声调、姿态以及游戏的意愿。对我们来说，与孩子们交谈，帮助他们感受到足够的安全，了解他们身体的感觉，这些做法都十分有用。

我们并不需要了解三大神经通路混合在一起的复杂而又细微的差别，仅仅通过了解有可能存在的混合通路，就已经能够帮助我们更好地了解孩子的需求了。研究者在将来会发现更多这方面的知识，但是就现阶段而言，重要的是去了解孩子的“压力开关”在哪里。当我们看到红色通路、蓝色通路或是二者组合的强烈征兆时，这就表明孩子需要我们的支持与陪伴，需要我们帮助他找到更合适的挑战区。孩子可能需要你为他注入更多坚定又稳固的情绪，或根据他们所处的情境做出调整，来帮助他们建立灵活性，提高处理压力的能力。

用通路的颜色来判断是管教还是支持

把孩子的消极情绪视为他们的生理状态向外发出的信号，可以让父母更容易理解孩子。我们可以把焦点从应对充满挑战的情形调整为理解孩子和我们自己，这是人类对安全感的需求。大脑的主要工作是维持身体预算，以生存为本，这是所有通路存在的基础。当我们理解了这一点时，就能够以平和的心态看待这些行为。红色和蓝色通路会消耗过多的身体预算，我们不希望孩子在这两条通路中花费太多时间。

绿色通路可以让我们更有作为，但是人类的神经系统是流动和变化的，会在不同的通路间周而复始地切换。不同的通路在我们的神经系统中，各有其存在的目的，能够帮助我们理解，为什么有时候作为父母我们会做出那些追悔莫及的事，说出那些追悔莫及的话。有时候，我们的直觉会带领我们走上错误的方向。**如果你感觉自己不是有意要做某件事，而只是出于习惯性的反应，那么多给自己一些关怀和爱。然后，寻找那些被你忽略的、可能会让你爆发的导火索。**在第 5 章中，我将带领大家了解触发我们情绪开关的因素。父母的内疚感会令人崩溃，不好的自我感受肯定无法帮助我们成为更好的父母，也无法增加我们的身体预算。

试一试

早晨醒来时，感受一下你现在处于哪种通路。处在红色通路中，你会感受到沮丧和压力；处在蓝色通路中，你会感受到缓慢和呆滞；处在绿色通路中，你会感觉不错，随时可以迎接新的一天。不要评判自己的状态，只是观察它。不带评判地意识到你的通路颜色是第一步，它可以帮助你为接下来的一天做计划，比如你的身体需要什么？有哪些实用的方法能让你满足这些需求？

前面提到的三大通路可以用来帮助父母判断孩子所承受的压力大小，并帮助他们发掘自己的最佳挑战区。有些孩子承受着过多的压力，长期且频繁地处在红色和蓝色通路中。父母可以通过充满爱意的互动，经由我们的神经系统向孩子的神经系统充值，进而帮助他们。如果孩子的身体预算余额不足，就是在提醒父母，他们需要支持，而不是需要规训或管教。此时，也不是让孩子去迎接新挑战、学习新知识的好时机，因为这两种都伴随着高昂的消耗。

在理想的情况下，我们都希望孩子在清醒的大部分时间里能处于绿色通路，而非处在防御、抗争、逃离的红色通路，或是处在联结断裂的蓝色通路。如果孩子在红色通路、蓝色通路，或是二者的混合通路中待得太久，父母应该通过联结和支持进行干预，帮助他们在条件允许的情况下，尽快返回绿色通路，找回安全感。分门别类地记录每个孩子在各条通路中的时长，对父母来说，是很有帮助的。

下面是我们为你总结的各颜色通路的含义：

- 绿色：冷静，清醒，乐于合作。
- 红色：骚动，抗争，或从你身边逃开。
- 蓝色：失去联系，无法沟通，处在自我封闭状态。
- 红蓝混合：过度警觉，焦虑，可能表面上看起来冷静，而内在却躁动不安。
- 其他所有的可能组合：你能从观察中做出判断。

除了判断孩子所处通路的颜色，我们还可以测量三个因素：孩子处在压力中的频率、强度和时长。这些因素能为我们提供更多的细节，让我们理解孩子的大脑和身体是如何管理生活需求的。

为什么要记录这三个因素？因为强度、频率以及时长是帮助我们分辨孩子不安程度的重要考量因素，并能为我们帮助孩子提供线索。想一想，一个喜欢挑剔、爱发牢骚的孩子和一个撒泼打滚、爱发脾气的孩子之间的区别，两者不同的是孩子的神经系统在主观上正在经历多大程度的痛苦。一个爱发牢骚的孩子很可能并没有完全进入红色通路，而是正处在粉色或浅红色的区域。一个爱挑剔的正处在学步期的孩子，他的身体受到了打击，可能已经开始疲劳，但仍在坚持，并没有进入极度痛苦的状态。可是一旦这个孩子或任何与之相关的人开始失控，比如面红耳赤、尖叫、满地打滚、悲痛欲绝，此时孩子痛苦的程度就会显著升高，会给孩子的身体预算带来更大的消耗。

试一试

观察婴幼儿以及年龄较大的儿童的行为模式，追踪什么样的活动、情境会触发哪条通路，一般在何时发生，会持续多久，强度有多大。这将帮助父母了解如何根据孩子的需求调整给予孩子的支持。你可以试着制作一本周记，分别记录绿色、红色和蓝色通路，以及你观察到的任何组合状态。下面是一个示例：

日期 / 星期几
开始时间：
结束时间：
发生了什么？
孩子的通路是什么颜色？ ________
不适的程度从 1 到 5 打几分？ ______
父母的通路是什么颜色？ ________
不适的程度从 1 到 5 打几分？ ______
（1 是轻度不适，而 5 是极度不适）

孩子处在每条通路中的时间会随着年龄和发展阶段而改变。婴儿会有更多的时间处在红色通路中，也会有更多的时间花在睡眠上，因为他们完全依赖我们的帮助来调节自己的身体预算，而幼儿会在三种通路中切换。虽然我们需要更多的生理学研究为我们提供进一步的指导，但是我们发现，5 岁及以上的孩子，在他们处于清醒状态时，只有不到 30% 的时间会处于红色、蓝色或者是红蓝混合通路中。

BRAIN-BODY PARENTING
脑身联结要点

故意的不当行为与神经平台脆弱时的行为

当我们从神经系统通路这种新的视角来观察孩子的行为时，父母会发现故意的不当行为和孩子处在脆弱状态需要支持的行为之间是有区别的。美国的文化通常会把孩子的行为诠释成“好的”或“坏的”、“顺从的”或“违逆的”。这种局限的视角让父母除尝试控制或惩罚孩子之外，几乎没有太多其他选择。

问题在于，惩罚或控制孩子并不能让孩子感到安全。**区分行为是来自神经系统深处的压力，还是蓄意的不当行为，能让父母在面对孩子时更有同理心。**理解这种差异也为父母提供了新的养育选择。

当孩子试探底线，把自己置于险境之中，比如一岁的幼儿伸手触摸电源插座；当孩子故意出现行为问题，比如孩子违反规则偷偷带手机去学校；当孩子的某些行为需要被纠正……这些时候，父母应该提供清晰且有爱的边界，因为我们是孩子最重要的老师和向导。但是如果孩子因为脆弱的神经平台正处于红色或蓝色通路中而产生了不良行为，那么，此时我们的首要任务并非惩罚，而是应该通过亲子联结帮助孩子重返绿色通路。

脑身联结的视角可以帮助父母通过观察孩子的行为来分辨应该何时安抚孩子，何时守住底线，同时了解孩子何时需要被管教和纠偏，何时需要修复联结以获得安全感，增加对父母的信任。

用检视法而非暂停法引导“犯错”的孩子

虽然我的孩子们已经长大，但曾经我和所有父母一样经常使用暂停法。几十年前，暂停法是行为主义疗法的骄傲和荣耀。但是，当我学习过神经系统和关系神经学之后，我意识到这个技巧既不能巩固孩子或父母的神经平台，也不能帮助孩子从红色或蓝色通路重返绿色通路。

暂停法关注的是孩子的表面行为，而不是其背后的成因。它基于这样一种假设：一个刚刚犯错并为此深感不安和焦躁的孩子愿意接受教育，能听得进道理，并且能从独处中有所学习。现在我们知道，孩子的神经平台可能根本无法让他们在这样的经历中学习或受益。

让我们一起看一看暂停法的另一种替代方法：检视法。

检视法，身体预算的晴雨表

总结来说，检视法的第一步是观察你所处通路的颜色，第二步是观察孩子所处通路的颜色，第三步是从安抚身体开始，采用符合孩子独特需求的方式关怀他。这一步的目标是提供情绪协调，了解孩子神经系统的需求来帮他恢复到绿色通路中的平衡状态。

对于一个处于不稳定状态的孩子来说，父母或身边任何一位成人，都是可以帮助他恢复到平静状态的重要帮手。所以我们要从检视自身开始，因为当我们和孩子交流时，孩子对安全或威胁的感知是从非言语层面进行的。所以此时我们的说话方式要比我们说的内容更重要。大多数父母都知道，失控的成人试图与失控的孩子进行互动，后果常常不堪设想。我们要从评估自身的通路颜色开始，因为这些通路反映了我们自己的接纳能力或脆弱水平。检视法十分有用，因为在父母提供情绪协调之时，就是在帮助孩子增加抗挫能力、建立挑战区，而暂停法很有可能让孩子感到自己的行为和情绪无法被容忍，但为了和大家在一起，他们必须停下来。使用检视法，我们就可以直击问题的本质：孩子正处在失调的状态。

第一步：自查，我感觉如何

首先，不带评判和羞愧地检查你所处通路的颜色，它是你身体预算的指示器，可以表明你此刻可以给予孩子什么，以及不能给予孩子什么。你感到平静还是焦虑，抑或处于两者之间？尽量不去评判自己所处的状态，只是认可你的身体已经感受到的全部。

在绿色通路中，我们感到安全和稳定，会散发出安全可靠的气息。我们通过面部表情、声音语调以及身体动作来分享我们的冷静和安全感。当你处在绿色通路时，你更有能力对孩子选择恰当的回应，而不是爆发或断联。

这并不意味着你必须处在绿色通路，因为我们的目标并不是做到十全十美，而是自觉自知。

处在绿色通路中，你会拥有掌控感，能做出深思熟虑的养育决策。如果以上符合你的感受，你就可以前往第二步。

如果并非如此，那么你很可能被激怒，然后躁动起来，进入红色通路。你能感受到压力导致心跳加速，思绪不断闪现，手心出汗，呼吸急促而短浅，很可能会对孩子说一些消极的话，做一些消极的事。你的身体正处于应激反应之中，可以在心中为这些情绪命名。

你也会感觉自己处在蓝色通路中吗？此时你可能会感觉失去联结、情绪低落、不知所措、呆若木鸡。没关系，你只需要为这些情绪命一个名字。可能你会感受到不同通路的组合，但关键是确定自己是否有足够的自控力来管教孩子。如果没有，也没关系，停下来，开始觉察。

暂停片刻，深吸一口气，确保你的孩子是安全的，然后思考“此刻我需要做什么”这个问题。在条件允许的范围内，想一想你需要做什么来重新掌控情绪，重回绿色通路，并积极地与孩子互动。在第 5 章中，我会介绍很多工具和技巧以帮助我们重新调整心态，掌控自己，不去做那些让我们后悔的事，以及如何从悔恨中走出来。但是此时此刻最简单快速的方法就是深吸一口气，然后以最慢的速度呼气。如果有帮助的话，可以做上几次，但是记住这不一定对每个人都有效。你只需要记住一点，在事情发生的当下，关照你自己。如果有可能，你需要先离开一会儿吗？或许，你需要让孩子知道你需要离开一会儿，然后再回来。确保你的孩子是安全的，然后找到一个暂时可以容纳你的空间和视角。比如，你可能需要喝口水，刷刷牙，或去另一个房间待上一两分钟，以便充分地复原，全身心投入与孩子的互动中。

试一试

当你独处的时候，思考并且记录让你在当下感觉更平静的方法，是特定的呼吸方法，还是为情绪命名，抑或某个动作？比如，把手放在胸口，捏一捏手指，重复地念叨可以安抚自己的词语或口号。

第二步：检视你的孩子，孩子的感受如何

接下来，检视孩子所处通路的颜色。如果孩子处在绿色通路，那么很显然，你可以试着去和他沟通，一起找到解决方案。当孩子长大一点，能够用言语来交流时，这个方法很有效，因为绿色通路正是我们能够和孩子一起交流解决问题的标志。在后面的章节中，我们会根据孩子的不同年龄和发育水平，探索不同的回应方法。

曾经的某些瞬间，你会用暂停法来应对，那么孩子很可能并不在绿色通路中。那么，他是否正处于红色通路中，表现出大喊大叫、躁动不安、拳打脚踢的状态？还是正处在蓝色通路中，感觉联结断裂、没有参与感，或对你的回应不做反应？抑或他正处在红色和蓝色通路的混合状态之中，表现得叽叽歪歪、软磨硬泡、敏感警觉、焦虑不安？以上任何一种情况都表明此刻孩子是脆弱的，需要搭建稳固的神经平台，而不是需要被管教或承担行为后果。接下来，请继续下一步，找到帮助孩子重返绿色通路的方法。

第三步：采取符合孩子需求、充满关怀的策略

检视的第三步是根据孩子所处的通路选择你的回应方式，以确保你能和孩子产生共鸣，一起重返绿色通路。如果孩子处在红色通路、蓝色通路，或红蓝混合通路中，我们需要做的第一件事就是不带评判地观察孩子的不适，这一步非常重要。当人们痛苦挣扎时，如果能够被爱与接纳包容，就会觉得自己不是孤军奋战，感受也会好很多。看起来简单的充满关怀的陪伴却能安抚我们的神经系统。然后你就可以去破译孩子神经系统想要传达的信息。这么做意味着从生理、心理和情感上陪在孩子身边，这个过程叫作共同调节，也就是父母根据孩子当下的需求给孩子的身体预算充值。我将会在第 4 章中对这个过程做进一步的讲解。第三步为我们之后要采取的行动提供了大致的方向。

有时候，如果孩子准备好了，我们就可以在下一步和他们讲道理；而有时候，我们需要先安抚孩子，再讲道理；还有些时候，我们需要牢牢地守住底线，因为我们相信孩子可以应对当下的挑战。这些都取决于具体的情形、孩子此刻所处的通路以及其他若干要素。

关注孩子的神经平台，而不是单纯地处理行为本身，这就是脑身教养法的核心。我们通过与孩子建立联结，提供适合他们神经系统的安全线索来实现这一点。这种从身体层面“自下而上”的养育方法，不仅比“自上而下”的管教方法更加柔和慈爱，也更有助于建立和支撑孩子自身的神经平台。如果父母学会这么做，孩子那些令人忧虑的行为就会自行消失，因为父母已经帮助孩子走出了防御的自我保护模式。

不让玩游戏就发脾气的卢卡斯

有了关于三条通路的新理解，让我们重新看看卢卡斯的案例。当卢卡斯的父母让他停止玩电子游戏，过来吃晚饭时，卢卡斯无法控制自己的情绪。

我向他的父母解释，我们需要搞清楚究竟是什么让卢卡斯从平静且自律的绿色通路快速进入“非战即逃”的红色通路。看上去，促使他变化的是从自己喜欢的活动转向家庭活动。孩子们通常不喜欢这类切换，因为“换挡”对他们来说尤为困难。一些孩子会因为切换到非自主选择的方向而倍感压力，其后果便是我们口中所谓的叛逆。这些孩子的身体正在处理因切换而产生的情绪和感受。有时候，一个孩子想要控制局面，但又缺乏放弃控制的灵活性。这种灵活性会因孩子的情感发育水平和压力水平在整个童年期上下波动。孩子需要学习使用自控力来处理身体感受到的压力，这个过程可能需要数年时间，有时可能等到成年以后才能学会，而一些情绪管理有问题的成人也仍处在这段征程中。

我向卢卡斯的父母阐述了他的身体是如何通过行为来表达自身压力的，然后他的父母也向我透露，当他们预见到儿子会出现强烈的消极行为时，他们自己也无法保持冷静。当他们认识到这一点，下一步就是检视卢卡斯所处通路的颜色。这很简单，因为卢卡斯立刻进入了红色通路，这表明他的身体预算出现了透支，很可能他正在处理一些父母没有意识到的压力。因此，我们需要收集更多的信息。

卢卡斯的父母告诉我，他的爆发始于几个月前新学年开始的时候。我猜这可能是症结所在，就建议卢卡斯的父亲在接下来的一个星期内，早一点从课后班把他接回家，多一些轻松的亲子时间，多聊聊天。

父子二人在公园里一起跑跳，一起遛狗，父亲由此发现，卢卡斯最近总被班里的一个大男孩欺负。父亲突然意识到卢卡斯在家里变得不配合也是从这时开始的。卢卡斯的身体预算在学校已经耗尽，所以当他回到家的时候，内部资源已经空空如也。有了这个新的信息，卢卡斯和他的父母与校长见了面。校长制订了一个方案，为卢卡斯提供支持和安全感，也解决了欺凌问题。

当卢卡斯的压力和危机被妥当地处理之后，我们开始帮助他培养灵活切换的能力。检视法的第三步是情绪协调，也就是意识到孩子神经系统对安全感的渴求，帮助其建立稳固的神经平台。**当孩子情绪暴躁时，没有什么比一个始终保持平静而慈爱的成人更有用的了。**

卢卡斯的父母和他探讨了这个问题，请他一起寻找解决方案，但是卢卡斯还是无法谈论自己的情绪和行为。于是，他的父亲提出了一个方案：在卢卡斯玩电脑游戏的时候，他坐在卢卡斯的身旁，一边做自己的工作，一边偶尔说些鼓励的话。为了让切换变得容易，在晚餐开始前的 10 分钟，父亲会提醒卢卡斯。在这个过程中，他和卢卡斯共享了自己的绿色通路，并释放出不少小小的、令人感到安全的信号。简言之，就是利用“从关系上靠近”这种方法来帮助儿子从电脑游戏模式中转换过来，卢卡斯的反应也就不会那么激烈了。

这个方法很成功。不到一个星期，卢卡斯在关掉游戏时就不再那么抵抗了。当然，他仍然不情愿，时常讨价还价，争取更多的游戏时间，但是他始终都能让自己处在绿色通路中。校方对于欺凌事件的处理减轻了他在学校感受到的压力。卢卡斯的父亲也为卢卡斯的身体预算提供了情绪上的充值，让他保有充足的余额。一个月以后，卢卡斯的父亲不再需要陪着他经历这个切换，卢卡斯自己已经游刃有余了。

值得注意的一个细节是，我们的计划并没有包含教给卢卡斯关于自身神经系统的知识。这些知识是为了帮助卢卡斯的父母更好地理解孩子的行为。当我们帮助孩子时，最好避免过快地使用“自上而下”的方法。在接下来的章节中，我会讲述如何在孩子准备好时把关于神经系统的知识传授给他们。那时，这么做才会更有意义，也更有帮助。

此刻，重点是要记住：**处理孩子行为上的挑战或任何其他挑战，需要从良好的亲子关系开始，因为良好的亲子关系可以给孩子提供安全感和信任感。孩子在生理上经历的困扰越多，他们就越需要我们的帮助。**不要把孩子的红色通路行为看作他们需要严格管束的信号。父母帮助孩子建立强大的绿色通路的过程，可以成为孩子一生发展的引擎，这个过程叫作共同调节。当孩子们处在不安中，共同调节才是父母应该做的事，这也是一个非常有力的工具。

培养韧性的建议

注意孩子传递的关于其神经平台状态的信息，包括反映内在安全和平静感的绿色通路、感到躁动不安的红色通路、感到联结断裂的蓝色通路，或这些不同通路的混合。当孩子处在绿色通路之外时，表明他正处于脆弱中，需要额外的情感和关系上的支持。孩子神经系统处于哪条通路能指引你选择何种养育策略，包括如何确立边界、坚守底线，这二者需要与共情、理解相互配合。

第二部分

解决方案

BRAIN-BODY
PARENTING

BRAIN-BODY PARENTING

第4章

共同调节，帮孩子拓展绿色通路

共同调节不是溺爱孩子，而是在帮他们学会控制不舒服的感觉与他人联结和共同调节是我们的生物性的使命。

——斯蒂芬·波格斯

在本书的第一部分中，我们了解了身体和大脑是如何通过复杂的方式相互作用，影响着孩子和我们自身的情绪和行为的。孩子们出现“不当”的行为往往都是他们的神经系统承受压力的迹象。了解身体预算，对于指引我们的养育决策，判断孩子需要哪些帮助才能保持平静和清醒，十分有用。

我们还发现，当孩子在关系和环境中感到安全时，他们就拥有了发展韧性的坚实基础。研究一致表明，能敏锐觉察孩子需求且能够与孩子共情的养育方式有助于建立孩子的大脑结构，从而培养出能够在生活的各种挑战中恢复过来的重要能力。

在第二部分中，我会介绍如何在实际生活中运用以上见解以及由此发现的一些新见解。我们将从养育的核心问题开始：如何帮助孩子通过信任他人建立自信。这是一种独特的陪伴方式，通过教会孩子信任自己和世界来促进他们的发展，拥有健康的身心。接下来，让我们一起看看下面这个案例：这个家庭是如何应对孩子的“不当”行为，又是如何在生活的挑战中培养孩子的韧性和灵活性的。

乔尔和阿娃 6 岁的女儿杰姬即便应对稀松平常的小事，也会产生过激的消极反应。在生日聚会上，杰姬由于无法控制自己的情绪和举动，会突然出言不逊惹恼其他孩子。在游乐场上，她会把小伙伴推开，以便抢先坐上秋千或滑梯。她总是想要提前知道接下来的计划，很难应对突如其来的事情。

最终促使她的父母和我取得联系的导火索是杰姬与奶奶之间的一次“鸡飞狗跳”般的会面。对于杰姬一家来说，奶奶总是特别有规律地出现在他们的生活中。每隔几周，奶奶就会从几小时车程外的自己家赶来看望杰姬一家人。杰姬和弟弟特伦斯喜欢与奶奶一起看视频、唱歌、散步，或者只是咯咯笑。最近，奶奶又去他们家玩了。当乔尔和阿娃外出购物时，奶奶就在家里带孩子。那天晚上，孩子们睡着之后，她留下来和乔尔、阿娃聊了会儿天。等他们聊完，时间已经很晚了，于是奶奶决定在杰姬家过一夜，而此前，她从来没有留宿过。

第二天一早，当奶奶出现在客厅时，特伦斯微笑着拥抱了奶奶。但是杰姬对于这个意外，却明显不如特伦斯那么开心。她先是躲在沙发后面，然后突然跳出来，对奶奶大声嚷道：“臭粑粑脸！”奶奶虽然有些吃惊，但没有理会她，继续和特伦斯坐在一起。特伦斯靠在奶奶身上，给她看他手上的一个小伤口。杰姬不知道该怎么反应，于是她再次躲在一张椅子后面，然后突然一跃而起，发出大声的嚎叫。

“早上好呀！”奶奶回答道，“你是只老虎吗？”杰姬又发出同样的叫声，然后开始捅他的弟弟，两个人顿时扭作一团。正在兄妹俩扭打的瞬间，奶奶的眼镜被弄坏了。此时，正在厨房里“观战”的乔尔严厉地训斥了杰姬，让她注意自己的言行并向奶奶道歉。

杰姬的父母过去一直反复观看类似的剧情上演，以至于他们已经形成了一种习惯性的反应：保持冷静，确保每个人都安全，然后训斥杰姬，教育她改掉自己的坏行为。显然，父母的一番好意并没有换来好的结果。类似情况越来越频繁地出现，他们被杰姬的行为搞得灰心挫败，常常对她大声责骂或把她拎回自己的房间。杰姬的父母急切地想要找到有效的应对方法，能够帮助杰姬更好地应对生活中的事情，不管是预料之中的安排，还是突如其来的变化。

父母总是高估孩子的自控能力

事实上，每个人在自我调节情绪和行为这件事上，都有着自己的节奏。自我调节也就是灵活地应对生活不断更迭的要求和挑战的能力，能让我们在应对生活的起落时，具备灵活性和深思熟虑的能力，而不是暴跳如雷或冲动行事。

研究者把自我调节描述成对于一个人的思想、情绪和行为有意识的调节与控制。简言之，这是我们管理自身行为和感受的能力。研究表明，自我调节能力强的孩子，在学业和社交方面都高人一筹。毫不意外，那些能够更好地控制自身情绪和行为的孩子，不管是在游乐场还是在教室里，都具有领先优势。养育这样的孩子也更加轻松一些。一个能够自我调节的孩子，当晚餐晚了几分钟的时候，他能耐心等待；做作业的时候，即使想出去玩，也能先专注地完成作业；在旅途中，他能够容忍百无聊赖的车程；在课堂上，他能够等老师讲完了，再提出自己的问题；在下课铃响之前，他能一直保持端坐；在游乐场上，他能用语言处理和小伙伴之间的冲突，而不是通过拳打脚踢来获得自己想要的。自我调节让孩子能够用他们自身内部的资源来应对生活的挑战，而不需要大人替他们或帮助他们解决难题。

杰姬的暴发反映出她自我调节能力的不足。她的父母时常为她的失控而感到挫败、生气和难为情。他们期待杰姬能更好地应对生活中的小事，比如在家庭聚会的时候表现得体，或当奶奶意外出现时，不要突然失控。但杰姬仿佛无法做到这些，即便连她自己都知道自己做得不对的时候，她还是会语出伤人。在孩子还远远无法自我调节的时候，父母却认为孩子有能力这么做，这样的情况并不少见，这种理想和现实的差距被称为期望差距。

在孩子大脑还没有准备好的时候，很多父母都以为孩子能够或者应该能够做某些事情。虽然我们从幼儿时期就开始逐渐显现控制自身情绪和行为的能力，但是这种能力的发展、成熟却是一个漫长的过程，可能一直持续到成年早期。同时，这种能力需要良好关系的滋养才能发展起来。**更重要的是，自我调节并不是我们到达某个年龄就自动出现的一个简单的发展里程碑。**如果是这样的话，我们这些成年人就不会发火失控了。作为父母，我们还是可以帮助孩子们培养他们自己控制情绪和行为的能力。随着时间的推移，我们可以学会通过多种亲子互动方式来帮助孩子逐渐发展出良好的自我调节能力。

因为杰姬能言善辩，善于表达自己，乔尔和阿娃就以为她已经拥有了自我调节的能力。但事实上，杰姬一直处在困境中。她的弟弟特伦斯虽然比她小 2 岁，但是他的自我调节的技能却比杰姬强了不少。当我们开始咨询时，我向杰姬的父母解释杰姬的情绪暴发并不是因为父母养育不力、管教方式前后不一，或缺乏关爱。他们并没有养出一个熊孩子。事实上，即便杰姬当时已经 6 岁了，但是她的自我调节能力还在发展中。她突如其来的破坏性行为，比如和特伦斯以及奶奶的争执，都表明她控制情绪和行为的能力发展不足。

针对杰姬问题的解决方案是观察和处理杰姬暴发之前的征兆，以此帮她加强自我调节和控制的能力。帮助杰姬最重要的方法就是共同调节。简单来说，就是父母通过与孩子之间充满爱的互动和亲子关系来帮助孩子管理自己的情绪和行为。

通过共同调节来发展自我调节的能力

众多研究一致发现，共同调节是促进孩子自我调节能力不断发展的“超级养料”。当我们和孩子进行共同调节时，我们能够帮助他们感到安全，能够容忍并理解他们的感觉和其他最基本的情绪。共同调节其实是一种共享联结，是通过情绪和语调实现的，而情绪和语调可以从我们与孩子说话和互动的方式中呈现出来。**当我们这么做的时候，我们同时也在通过亲子互动来调节孩子的身体预算，这是一项了不起的成就。**

共同调节从孩子们还是嗷嗷待哺的婴儿时，就已经开始了。当我们及时注意到孩子的生理需求并做出回应时，他就会感觉到舒适。然而，当他忍饥挨饿、号啕大哭一小时之后才去给他喂奶，显然并不能让他多愉悦。实现最佳共同调节的关键在于根据婴儿的实际需求即时做出回应。我们应该在需求发生的那一刻满足他们，利用回应式的互动来找出什么能够让孩子感到安全、平静以及舒适。心理学家斯图尔特·尚卡尔（Stuart Shanker）曾说过：“当我们能重新界定他人的行为并且识别和减轻他们的压力时，我们就能进入一种彼此共享的平静状态。”

母亲在孩子出生之前就在为孩子提供共同调节了。健康的生活方式、充足的睡眠和良好的孕期护理，这些帮助孕妇减轻压力的做法也是共同调节的方式。研究表明，产前环境会影响孩子出生之后的自我调节能力。比如，曾经历过高强度压力甚至创伤性事件的母亲生出的孩子，很可能在生理上更加脆弱。下面是一些童年期成功进行共同调节的例子：

你一个月大的宝宝突然开始哭泣，你意识到她可能饿了，你轻轻地把她抱起来，开始给她喂奶。她不哭了，一脸满足地看着你。

你 9 个月大的孩子按了按新玩具上的按钮。玩具发出的声音令他感到惊奇，他立刻扭头睁大眼睛惶恐地看着你。你看着他，用温柔的语气和声音对孩子说：“哦，天啊，这可真是让人没想到。”他平静下来，继续探索这个玩具。

孩子第一天上幼儿园，他在停车场和学校大门之间停下来，抗议着说不想进幼儿园。你蹲下来，用最轻柔的声音告诉他：“今天是重要的一天，这么重要的时刻，我很高兴和你一起走进教室。”他看着你，然后牵起了你的手一起走进了教室。

你 10 岁的孩子从学校回来告诉你，他和学校的朋友们有些不愉快。你在他的脸上看到了哀伤的神情。你感谢他愿意告诉你在学校里发生的事情，并请他和你再说说发生了什么。他的表情柔和下来，靠近你并依偎在了你的臂弯里。

你辛苦工作一天回到家，你的伴侣立刻给了你一个爱的拥抱，充满关切地问你是想吃点晚餐，自己一个人待一会儿，还是想先洗个热水澡。你的身体立刻在共同调节中放松下来，感到温暖和关爱。是的，共同调节是一个人的发展过程，它不仅对孩子有益，对父母自身也大有裨益。

在以上每个例子当中都可以发现，自我调节的能力来自关怀而又温暖的情绪基调。从更加广泛的意义来说，重要的并不是我们说什么，而是我们如何与孩子同在。当然，一些鼓励性的话语也很好，但别忘了，我们的大脑在理解语言信息的几微秒之前，就已经先觉察到了人们的情绪基调。**要帮助身处困境的孩子，第一步并不是说教或指挥，而是当下与孩子同在。**

共同调节是婴幼儿心理健康领域的重要概念，也是儿童早期发展研究科学家们的研究重点。然而，在大众领域，这个概念却不太为人所知。儿科医生可能从未在例行体检的时候对你提过共同调节，孩子的老师可能也从未说起过它。然而，作为一名心理学家，我无比确信共同调节就是那个让孩子保持心理健康、内心充满韧性的最重要的元素。

共同调节是非常重要的能力，它能够帮助孩子具备灵活性以应对未来生活中不断出现的挑战，也能够帮助孩子面对逆境，并和他人建立可依赖的、有爱的关系。共同调节是一个强有力的共情和关怀他人的行为模型，也是一个给孩子身体预算充值的好方法。

调节错配怎么办

虽然共同调节十分重要，但它并不应该成为父母肩头的另一个重担。父母时常被评判或埋怨，而我当然不希望再增加他们的压力或内疚感。当然，父母的情绪基调很重要，但是请记住，人类是有韧性的。研究也表明，在抚养幼儿的过程中，大部分父母一开始并不能准确地读取孩子发出的信号，父母更多时候其实是自然而然地忽略了它们。养育孩子本质上是一个猜谜游戏，你不需要次次猜对。不完美的父母，如我们一样，当然可以养出健康的孩子。

儿童发展领域的先锋研究者埃德·特罗尼克（Ed Tronick）花了几十年研究婴儿和他们母亲之间的互动。他的术语“相互调节”，和共同调节一样，描述了婴儿和他们的父母是如何影响彼此的情绪和行为的。特罗尼克的研究表明，当母亲试图弄懂宝宝的需求时，她们很难一次就猜对。我们不会奇迹般地一下子明白婴儿需要我们做什么，我们需要他们帮助我们弄清楚。对于婴儿需求的误判和错配是意料之中的常态。特罗尼克表示，只有 30% 的母亲在一开始就能够立刻并且精准地觉察到孩子的需求。

此外，很多母亲在分娩之后精神状态不佳。有些母亲在原本应该开心的时刻却充满消极情绪和想法，她们会因此感到内疚和羞愧。在生下第一个孩子之后的几个月里，我因为睡眠不足以及需要时刻监控早产女儿的体重变化，感到极度焦虑和恐惧，不知道自己到底出了什么问题。即使后来生活日渐好转，当压力来临时，我的恐惧和焦虑还会再次出现。我总会忍不住担心我的这些挣扎会不会在某些方面损害了孩子的发育。为人父母会有各种各样的感受和情绪，这些感受和情绪受到诸多方面的影响，比如原生家庭的养育模式、自身的身体状态，以及激素水平的变化和睡眠质量。但是，如果不愉快的感受和想法变得无比强烈，甚至快要把你吞没，那么寻求专业的医疗帮助是十分重要的。产后或持续的高强度焦虑和抑郁需要关系辅助支持[①]和治疗来帮助解决。

无论我们是否面临这些挑战，如何与孩子进行共同调节，都是一个需要持续学习的过程。随着时间的推移，我们理解了宝宝行为传递的信息，随着他们的成长，学习还在持续进行着。就像特罗尼克写道的："养育者和婴儿之间的互动本就混乱，因此，对于婴儿、孩子和成人来说，创造共同的意义是一项十分艰巨的任务。"不是只有你才会偶尔或频繁地忽略孩子发出的信号。研究表明，学习和成长也在修复的过程中发生，当我们再次尝试时，孩子的真实需求与父母认为孩子需要的或父母当下可以提供的支持之间的错配问题，也可以得到解决。

我们应该意识到，自己不可能每时每刻都满足孩子的需求。我们的神经通路随着生活的情况不断切换。在新冠病毒感染疫情期间，很多人筋疲力尽，对于进入红色通路或蓝色通路的感受再熟悉不过了。在疫情防控期间，我和许多父母交谈时发现他们常常感到力不从心，因孩子情绪和行为上的问题而责怪自己。而事实上，**无论是父母还是孩子，他们的行为都和自己内在资源减少、身体预算透支的表现相一致。**重建这些资源需要时间。如果现在你还为自己和孩子曾经的消极互动而自责，请记住，只要我们积极参与并及时修复关系，我们就在帮助孩子建立自信以及面对世界的信心。

---

① 关系辅助支持指能够安抚情绪的精神帮助。——译者注

我们不需要完美无缺，也可以养育出健康的孩子。**错配总会发生，但是总有修复的机会，而这也正是成长的来源。**重要的是，从孩子身上学习，修复也是向孩子展示心理灵活性的机会。承认你自己犯了错是一个十分有力的方法，可以帮助孩子理解并接纳作为一个人与生俱来的脆弱性。下面是一些错配和修复的例子：

> 你 9 个月大的孩子正坐在儿童座椅上吃东西，然后开始变得躁动不安。你以为她可能还没吃饱，就又给了她一些食物，但是她把你的手推开。（错配）
>
> 你问："哦，你已经吃好了吗？"她笑了笑，然后张开手让你把她抱起来。（修复）
>
> 你 3 岁的孩子正在和亲戚家的兄弟姐妹开心地游戏，这时，你突然意识到自己错过了老大放学的时间。你急忙抓住 3 岁孩子的手说："我们得走了。"他却拖着不肯走，然后你气急败坏地吼了他："你总是害我们迟到！"他很震惊，开始大哭。（错配）
>
> 你停下来，和他一起在台阶上坐下，说道："宝贝，我赶时间，所以想赶紧走。我知道，你想和兄弟姐妹们一起玩，不是你害我们迟到，是我的问题。我没有意识到时间过得这么快，对不起，我不应该吼你。"（修复）
>
> 你 7 岁的孩子把她在院子里发现的蜥蜴拿进屋，骄傲地宣布这是她的新宠物，然后在厨房里让它自由乱窜。你尖叫着指责她不该把蜥蜴拿到屋子里来，并且让她赶紧丢掉。她的眼泪在眼眶中打转，露出了垂头丧气的神情。（错配）
>
> 你为自己冲动之下的反应道歉，告诉她你有点害怕蜥蜴，但是你看得出她很兴奋。最后，你们一致同意把这只蜥蜴放在后院。（修复）

当我们允许孩子看到我们所说的话语还有另一种解释的时候，他们就不那么容易吸收自己给自己的消极信息，比如我很自私，我很弱小，或我有毛病。我理解，修复自己的言行可能会让我们心里不好受，但好处是，你犯的错误越多，你就有越多的机会改正。孩子们也能从这些修复的过程中成长，因为他们可以从观察你的自我意识和情绪灵活性中进行学习。

当孩子们在爱他们的父母和其他成人的帮助下经历困难并战胜困难的时候，他们的韧性和毅力就得到了一次很好的锻炼。没有经历过适度的不适和痛苦，我们就无法变得坚韧。有了父母充满爱的支持，孩子们就能在困境中学习和成长。当然，这也是我们所有人学习应对挑战的方法。然而，当孩子们只经历错配和破裂却没有进行修复时，压力就会累积，这对他们来说往往是极大的消耗。儿童精神科医师佩里研究了如何帮助人们从慢性压力中恢复过来的方法，并指出当孩子身边没有成人能够提供支持来缓冲压力时，这些压力就会变得有毒甚至成为创伤。

共同调节并不是把孩子和压力隔离开

在第 1 章中，我们探讨了为孩子提供“恰到好处”的支持的重要性。这并不意味着我们的目标是把孩子和所有的压力源隔离开，无论如何，这也绝无可能。压力可以是破坏性的，也可以是有益的。若是无法承受一般范围内的压力，我们就无法灵活地应对不可避免的挑战。用佩里的话说：“正是适度的、可预期的、有规律的压力让我们的神经系统更加强大，功能更健全。”孩子们通过应对一定程度的压力让自己变得强大，在这个过程中，他们通过发展新的技能接受变化、接纳更多的情绪。

之前，我介绍了“恰到好处的挑战”这个概念，父母不应该自动地替孩子做他们已经可以自理的事情。反之，我们应该评估孩子能做什么，重要的是在他们已经努力到一定程度之后需要帮助的时候，再提供帮助。通过充满尊重的共同调节，给孩子提供足够的机会自己去探索，必要的时候父母在后方提供援助。

没有适度的挑战，我们就无法学会新技能，不管这个技能是像形状配对这样的基本技能还是像坚韧不拔这样的心理技能。当孩子受挫时，如果父母立刻冲过去把对的形状放到相应的位置，孩子自己永远也学不会。当孩子和兄弟姐妹闹别扭的时候，如果父母立刻告诉他该怎么说，他就永远没有机会在练习说什么有用、什么没用的过程中自己解决问题。下面是一些成功的“恰到好处的挑战”：

> 你需要送 4 岁的孩子去你们信任的保姆家临时待半天，保姆刚搬了新家。孩子哭着、用有些犹豫的声音说她不想留下来。但是你的直觉告诉自己，这是一个“恰到好处的挑战”。所以你和她一起进门，边参观保姆的新家，边和她聊天。孩子紧紧攥着你的手渐渐松弛了下来。你没有逗留太久，然后充满自信地和孩子道别。15 分钟以后，保姆给你发消息，说她们正在开心地一起画画。
>
> 你 9 岁的孩子想在学校分享自己的家庭故事。你们一起做了一张海报，上面画着兄弟姐妹、祖父母和宠物狗的照片。分享日那天，他却告诉你他不想去上学，此时你慈爱地告诉他，你自己在工作中有重要演讲时，也会感到十分害怕。你的分享使他紧张的情绪逐渐消失并得到了安抚。你继续完成每日早晨的安排，让他知道没

有不去上学这个选项。那天晚些时候，他笑盈盈地从学校回来，自豪地告诉你，他的同学们多么喜欢他的分享，问了他多少个问题。

何时需要自我调节，何时需要共同调节

在以上每一个例中，直觉都指引着父母的决策。面对复杂情况做出养育抉择并不容易。但是，以孩子的神经系统作为指南，就能让这些决定变得容易些。我们可以用 1 ～ 5 的强度区间，评估孩子所经历的痛苦程度。请记住，我们之前说过，痛苦的水平是连续的。当孩子处于绿色通路，即 1 ～ 3 的强度区间时，例子中的父母都可以保持自身神经平台的稳固。如果压力水平落在红色通路，即 4 ～ 5 的强度区间时，孩子可能就需要更多的共同调节。父母需要分析孩子动作和行为的频率、强度以及时长，进而判断这个孩子是能够进行自我调节，还是需要我们给予适量的支持和帮助。

对于一两岁的幼儿来说，父母提供的支持要适度。放手才能让孩子自己迈出人生第一步。如果孩子犹豫了，你可以给她加油鼓励。你需要意识到孩子正在构思自己人生最初的步伐，她为此而感到犹豫是再自然不过的事。此刻孩子的压力水平可能在 1 ～ 2 的区间，我们可以等一等，过一会儿，如果觉得孩子需要，我们再伸出手或者给她一个东西扶一扶。当练习了几次以后，她又被玩具绊倒而号啕大哭，她可能又困又累，身体的压力值上升到 4 ～ 5 的强度区间。此时她需要有爱的共同调节和及时的安抚，当然这也可能意味着她犯困想要睡觉了。

有时候，我们并没有意识到共同调节在帮助孩子应对压力和理解挑

战这件事上的重要性。比如，当我还小的时候，我的母亲时常过分担心亲人的安危。我的父母都是移民，他们每天要工作很久，才能养活我们这个 7 口之家。母亲自己小时候就经历过很多危难，这让她更容易担忧。我仍然记得每次父亲晚归时出现在她脸上的焦虑神情。日积月累，我也继承了她的那份担忧。我会坐在窗边往外眺望，焦灼地等待父亲的车灯出现在视野中。直到他走进门的那一刻，我才能平静下来。

我的母亲每天都非常忙碌，根本不知道我内心的煎熬。我经历了频繁而又强烈的像过山车一样的情绪，其实非常需要母亲通过共同调节来安抚我的不安。

父母与孩子进行共同调节，既是一种本能又是一件自然而然的事。其中一个原因就是：镜像神经元。1992 年，意大利研究者发现了人类大脑里的一种细胞，这种细胞能够帮助我们理解他人的行为和经验。这也是为什么当父母看到孩子备受煎熬时，也会因为孩子的经历而产生情绪上的波动。在我们知晓镜像神经元之前的很多年，精神分析学家唐纳德·温尼科特（Donald Winnicott）就描述了母亲的面部表情是如何自然而然地“镜映”出她宝宝的感受和需求的，她也意识到这种“镜映”非常重要，可以帮助婴儿逐渐增强对自己的认可。当孩子看见并感受到成人可以感同身受地镜映他们时，这本身就是一种强有力的共同调节形式。

母亲会本能地满足孩子的需求。研究者也观察到，当母亲目睹孩子的不安时，她自己的神经系统也会发生变化。几乎每个父母都能对孩子的情绪感同身受。我的内在感受就十分强烈，所以当我的孩子们尚小时，如果她们有谁生病了，我也会经常觉得不舒服。如果你曾旁观过孩子参加足球或篮球比赛，那么很可能你会感觉自己好像也在球场上一样。当孩子处在痛苦中，父母的本能、镜像神经元和神经平台都会随之发生变化。我常说，我的身体里有四颗心脏：我自己的和我三个孩子的。养育子女的亲身感受，就是如此真实。

你的状态比你的言语更重要

我十分幸运，能拥有一段和奶奶共同调节的经历。奶奶住在荷兰，几乎每年夏天都会来我家小住。那时，我是个安静而焦虑的孩子，总是迫不及待地盼望着她的到来。奶奶有一头飘逸银白的长发，被她盘成圆形的发髻。她的身上有一股薰衣草香水和荷兰巧克力的味道。奶奶总会给我们带来欧洲的桌游，我们一起玩，赢了就会有奖励。奖励是她带来的装在漂亮盒子里的精致糖果。我们一起悠闲地散步，有时候会在某棵大树下驻足休息。从早到晚，我们都有说有笑。在那些夏日里，她最喜欢做的事就是和她四个孙辈共度美好时光。她点亮了我们的生活，就像我们点亮了她的生活那样。

我永远忘不了曾经的那一晚，森林大火差点蔓延到我家。远在数千米之外的熊熊山火，咆哮着向我家的方向袭来。我和奶奶坐在床上，眼前的夜空被红色火焰映照得如同白昼。起初，我心中充满了恐惧与不安。然而，当奶奶静静地坐在我身旁，紧紧握住我的手，与我共同凝视着那蔓延的火势时，我的心渐渐安定下来。我们就这样并肩而坐，度过了漫长的几小时，不时惊叹于火焰那千变万化的色彩，直到它翻山越岭，渐渐远离我们的家园。我至今仍清晰地记得，奶奶当时穿着的黄灰色碎花裙。多年以后，这段与我最亲爱的奶奶共同度过的、充满安全感的时光，依然在我心中鲜活如初，仿佛昨日重现。

每当遭遇人生中的艰难时刻，我都会回忆起和奶奶相处的这段经历。即使她已经去世几十年，她的音容笑貌仍然清晰地浮现在我的脑海中。每每想到她，我都能感到专注和平静。奶奶的陪伴帮助我提高了自我调节的能力。她送给我的，是一件多么珍贵的礼物啊！共同调节的经历和回忆让我最终实现了自我调节。

我们和孩子一同经历情感的调节与亲密的联结，这些时光将化为他们心中与他人共享的温暖的回忆，铸就他们对安全感的信赖。我们的孩子将充满自信地成长，相信他人能够满足他们的需求。每一次你为孩子提供的充满爱的亲子时光，都是他们未来面对人生风雨最坚实的基石。我们的神经系统会铭刻这些安全感满满的经历，无论是否常被忆起，它们始终存在。这份深深的安全感，就是奶奶对我的馈赠。

想一想，船是如何在水中稳健地航行的？当我们满足孩子生理和情绪需求时，我们就化身成船身上面的龙骨。龙骨让船保持直立，防止它被吹翻。如果龙骨很坚固，那么不管发生什么，船都很稳。把共同调节视为龙骨，无论在孩子的生活中出现了什么或大或小的风暴，它都能够帮助孩子稳住心神。

像杰姬这样的孩子，内心深处有一些难以觉察的需求，而这些需求会把她推向红色通路，于是杰姬的父母看到的往往是那些难以预测的行为。有些孩子需要更长的时间来搭建他们的“龙骨”，我们将在第 6 章中探讨种种原因。因此重要的是，父母要明白在这些特殊时刻，孩子的行为表明他们需要先得到父母的共同调节，再进行适当的引导。如果孩子的“龙骨”尚未稳固，他可能需要更多的陪伴与理解来帮助他在面对不断增加的挑战时，逐渐找到内心的平静与自信。这正是杰姬所需要的，也是许多令父母感到困惑的孩子们所渴望的。

共同调节：建立爱与信任

在与杰姬全家进行咨询时，我们首要关注的并不是改变杰姬的行为，而是深入理解她感知的世界。我们需要加强杰姬与父母间的共享联结，让她在应对那些挑战神经平台的事情时，能够学会容忍，并有更多的解决方法。我们曾探讨过期望差距这个概念，杰姬的父母可能期待她展现出更好的情绪管理能力，因此时常感到挫败或失望，而杰姬也一样。尽管这对父母有时会误以为杰姬故意表现不佳，但是当了解到杰姬实际上渴望取悦他们，只是受限于自身神经平台的状态时，他们找回了希望。杰姬真心希望父母开心，可是在那些时刻，她无法控制自己，她就是无法做到。所以，我们采用了不同的策略，没有依赖暂停法、激励或是奖励贴纸等方法来修正杰姬的行为，而是专注于通过共同调节和共享联结的方法来加强她的自我调节能力。

BRAIN-BODY PARENTING
脑身联结要点

共同调节会把孩子宠坏吗

父母时常会质疑，共同调节是不是另一种溺爱或者宠溺。我并不是要父母在需要划清界限的时候对孩子言听计从。实际上，溺爱和共同调节截然不同。前者是毫无止境地顺从孩子，从不拒绝他们的要求；而后者则是关注并回应孩子生理和情绪上的需求。共同调节并不意味着我们要让孩子时刻快乐，或避免所有挑战。相反，它让孩子在解决问题时获得成长。

关键在于从孩子的视角出发，观察他们的情绪反应，理解其背后的需求。共同调节不是放弃父母的权威，而在于调整我与孩子互动的优先级。我们不应该简单地将孩子的行为划分为好与坏，而应探究这些行为背后的需求信息，关注孩子身体所承受的压力。为此，我们需要观察孩子的神经平台和通路颜色。

共同调节是父母最有力的工具，让我们更好地支持孩子学习、成长、探索。通过调节自身情绪，能够忍受不快，帮助孩子发展新技能，帮助他们学会自己应对压力。如果孩子的行为让父母感到焦虑或者有压力，那就会破坏父母在共同调节中的角色。

在共同调节的过程中，我们不仅要看到孩子的挣扎，还要设立坚定、合理的界限。这么做有助于孩子发展出对于不同种类情绪的容忍度，无论是积极的，还是消极的。

当杰姬对奶奶无礼时，她的安全探测系统感受到了威胁，尽管她处在相对安全的环境中，但是仍然表现出了红色通路中的“粗鲁”行为。行为能告诉我们很多肉眼看不见的孩子需求，他们渴望通过共同调节得到我们的真正关注。

面对孩子的各种不同情绪，共同调节要求父母能够管理和接纳自己的反应，这样才能在孩子需要我们的时候保持冷静，这并不容易。但请相信，你总有能力帮助孩子克服这些难关。重要的是孩子与他们信任的成人之间，拥有充足的共享联结的经历。当冲突或者不快发生时，共同寻找解决方案，修复关系，这是永不过时的智慧。

理解孩子的生理反应，尊重他们的主观体验，以此为依据调整和设计亲子互动。不要仅仅依赖奖励“好”行为或通用的养育指南，而应运用你对孩子行为和身体信号的了解，帮助他们拓展对新挑战的容忍度。这样才能真正支持孩子的成长与发展。

如何把共同调节融入亲子关系中

在理解了共同调节所扮演的重要角色之后，接下来聊一聊，如何把这个概念融入你和孩子的关系当中。

发球和接球：通过互动，培养韧性

共同调节需要你来我往的互动。这个有去有来的节奏，也是令共享联结温暖的精髓。就像在一场网球比赛中，球就在双方之间来回穿梭。研究者和儿童专家也把人与人之间的互动比喻为“接发球”。一方的行为总是影响着另一方的反应。在网球比赛中，选手会预测对手的行动并据此调整回球策略。同样，我们也会根据孩子给我们“发了什么球”来调整我们的回应。当这种交流充满安全感时，便达到了共同调节的理想状态。当我们没办法判断该如何满足对方需求时，我们就会感到挫败、无能和束手无策，这也是为人父母常有的体验。但请记得，寻找与孩子联结的方法需要时间和耐心，不要过于苛责自己。在孩子的成长道路上，即使初始的联结显得艰难，也请保持开放和接纳的态度。

通过接发球这样的互动，我们与孩子之间建立了沟通的桥梁。这样的互动早在我们和小宝宝相互注视、相互微笑地传递爱意的时候，就已经萌芽了。心理学家德布·达娜（Deb Dana）曾言："这种互动的能量，正是传递关怀的纽带。"真正的养育并不只是提供单向的照顾，而是相互的关怀。这些早期的交流，就是沟通的基础，是孩子学着和他人互动的起点。人类沟通的核心，就是这样一个有来有往的节奏，有时一个表情或肢体动作就已足够。这份沟通是基础且重要的，当沟通顺畅时，人们自然而然就会感觉良好。

有来有往的共同调节，既可以简单如一个微笑，也可以热烈如追逐和嬉戏。只要它令人愉悦，就是我们所追求的。如果你觉得你和孩子之间的共享联结可能会有所缺失，你可以参考以下这几点：

- 你的小宝宝会看向你的脸庞吗？即便只有一次，或者只有短暂的一个瞬间。如果没有，也别着急。这个行为需要一些时间才会发生，尤其是早产儿。宝宝的一瞥、凝视，或眼波流转，都是他发出的"球"。即便在宝宝们还没法好好控制其他动作时，他们天生就会用眼睛来与我们产生联结，这实在让人感觉不可思议。
- 9 个月大时，当你向孩子"发球"，她会有反应吗？她会做什么回应你？比如微笑、发出声音、伸直胳膊、抚摸你的手掌，还是一边看着你，一边把你递给她的玩具咬在嘴里？你的宝宝会对你注视、微笑、伸手求抱抱，还是用其他方法与你互动？
- 两三岁以后，他会不会试着和你分享她的世界？她会不会用手指向她想要给你看的东西？她会不会用语言或者身体姿势来向你展示、询问或诉说什么？

- 到了快上学的年龄，他会不会主动找你聊天、做游戏？他喜欢和你聊天、向你倾诉吗？还是喜欢和你一起散步、吃饭，让你辅导作业，或只是待在一起随便做点什么？

如果这些问题的答案都是“否”或者大部分是“否”，你就要反思自己是否忽视了这些基本的沟通，判断是否需要增加一些愉快的活动来鼓励你们之间的双向互动。有时候，孩子只需要一点点欢乐，就能开启与父母之间的互动。这些积极的经历也为你们今后的互动打下基础，比如当孩子进入青春期或成年早期，当他遇到挑战或困境时，他会向你寻求建议并且把你当成一个值得信任的人生导师。

下面我们来了解“爱心 4 步法”，这个方法能够帮助你慢下来，关注你的“接发球”质量，同时增加共享联结与愉悦感。

爱心 4 步法（LOVE）

请记住“爱心”这个词的英文：LOVE，对于我们思考和使用共同调节十分有帮助，也能让我们的“发球”和“接球”更有力量。LOVE 是爱心 4 步法中 4 个英文单词的首字母缩写，这 4 个英文单词分别是 Look（看）、Observe（观察）、Validate（证实）和 Experience（体验）。

看（Look）：用温柔的眼神看向你的孩子。温柔意味着带着一颗开放的心，不做任何评判。当我们的眼神变得柔和，我们的心也跟着柔软起来，向一切值得学习的事物敞开。用温柔的双眼看世界，你会更容易尊重孩子当下的行为，同时我们会散发出接纳、温暖和关爱的信息。

观察（Observe）：不带评判地观察。我们太容易不自觉地评判孩子的行为了，但别忘了行为只是孩子神经平台的外在表现。请观察孩子的面部表情、姿势和身体，带着开放的好奇心，去观察他们在简单或困难情境中的行为。当我们不带评判地观察，就会意识到孩子的行为隐藏的信息，而我们也愿意去了解这些信息是什么。当我们允许自己和孩子产生疑虑，我们就能停止预设孩子行为的意义，也能减少自我评判和自我责备，因为我们往往认为是自己引发了孩子的这些行为。记住，我们都在自己所知和所能的范围内做到了最好。

证实（Validate）：当你目睹孩子的煎熬时，请证实他的经历，试着以平和之心安抚，而不是轻易评判或者评价。请记住，那些问题行为是孩子的神经系统正在寻求联结，渴望从你这里获得安全感的反映。孩子渴望被看见，不想感到孤单。放下想要帮助孩子解决问题的欲望，只是见证他的挣扎，仅仅是这种不带评判的陪伴，就足够帮助孩子进行自我调节。

体验（Experience）：通过“接发球”，我们与孩子共同踏上绿色通路，一起体验那种宁静和安心。不妨尝试不同的互动方式，前几次尝试可能稍有瑕疵，但无须介怀。在孩子的身体预算需要充值时，父母用互动来帮助他们保持冷静，孩子的韧性也会得到锻炼。试着去寻找你们双方都喜欢的互动方式，即便这意味着孩子需要适应一些新的、不太舒适的体验。在第 6 章中，我们会在深入了解孩子们的感官偏好的基础上，进一步个性化我们的互动，让共享联结的体验充满愉悦和欢乐，从而帮助孩子拓展和发展新的能力，增强他们对新挑战的容忍度。

对于乔尔和阿娃来说，“爱心 4 步法”指引着他们帮助杰姬巩固她的神经平台，通过共同调节和共享联结增强她的自我调节能力。之前，这对父母一直把重点放在改变行为上。现在，他们从全新的视角出发，学着证实杰姬的体验，理解自我调节对现阶段的杰姬有多困难。他们开始用自己的绿色通路和杰姬联结。

乔尔和阿娃也逐渐理解了杰姬敏感的神经系统，明白它时常把稀松平常的事视为一种威胁，而这个倾向过去给她和她的家庭带来了不小的代价。比如，杰姬会因为冰激凌上的糖粒撒错了就发脾气，以前的乔尔和阿娃要么忽略杰姬，要么让她承担后果，因为他们把这些行为看成是消极的和令人生厌的。如果他们自己倍感压力，就会觉得杰姬在小题大做。现在，当乔尔和阿娃温柔地注视杰姬时，常常发现她并不是故意表现得无礼。杰姬的心智灵活性和对意外情况快速做出调整和适应的能力还没有成熟，而这个能力可能需要好多年才能发展完全。在他们理解了期望差距后，乔尔和阿娃就从自动地提醒杰姬好好表现，变成先从绿色通路中开启耐心，然后用温柔的嗓音对她说："我看得出这对你来说很难，杰姬。"乔尔和阿娃从说教、纠正或采用行为后果法转变成了单纯的陪伴。

有了这样的转变，乔尔和阿娃变得更加富有同情心。现在他们把女儿的行为看成一个信号，表明她正在发展自我控制能力，需要共同调节支持神经平台的发展。很多人觉得只有管教才能让孩子表现得更好，但其实共同调节才是关键，因为它可以让孩子发展自我调节，从而自然做出良好的行为。

冲奶奶尖叫的杰姬

接受我的建议之后，乔尔和阿娃改变了对杰姬的看法。利用“不带评判地观察”这个新技巧，他们发现女儿对流程或环境中细微的改变异常敏感。再深挖下去，他们发现杰姬需要可预测性，因为她很容易被身体里一系列不同的感觉刺激所触发，并深感不安。很多常见的环境音，比如电视的声音、其他孩子的哭声，都能触发她的安全探测系统。他们还发现杰姬在嘈杂的餐厅或购物中心里会变得心烦意乱，开始咬手指甲或者快速地重复同一个问题，这些都是杰姬的神经平台由强转弱的信号，意味着她快要从绿色通路转换到红色通路了。

这对于乔尔和阿娃来说无疑打开了新的世界，他们从没想过，即使是去公园玩或者参加家族聚会这种客观来说安全的日常活动，杰姬的身体也会感受到威胁和攻击。他们对女儿的挣扎感到了深深的同情，也因此开始用新的方式回应她的行为。

我告诉乔尔和阿娃，虽然一成不变的流程会被视为缺乏灵活性，但通常对如此敏感的孩子来说，固定的流程是非常有帮助的。孩子感到身体负荷超载，并不是她的错，她需要可预测性，这和故意的专横无礼大不相同。即便如此，对父母来说，适应孩子的神经系统可能仍然很困难。所以，重要的是请记住，很多问题行为并不总是有预谋、有计划的，通常只是压力之下的应激反应。

杰姬对于固定流程和可预测性的需求解释了为什么即便像奶奶留宿这类积极的变化，也会激怒杰姬，使她产生问题行为。改变常规会让她感到不安，而她还没有能力寻求帮助，或用语言描述自己的感受。最后，杰姬的父母对她的行为有了新的理解，不再认为是杰姬蓄意而为或是他们管教不足造成的。这恰好验证了我的同事、心理学家罗斯·格林（Ross Greene）的名言："孩子们只要有能力做，就会做得很好。"我也同意这个观点。当孩子无法做到时，我们应该感到好奇并且问一问为什么。身为父母，对待自己，也是同理。

事实证明，在乔尔和阿娃把共享联结作为新的养育方法之后，杰姬和她的家庭发生了脱胎换骨的转变。

起初，他们只是尽量多在一起开心地玩，营造更多欢乐互动的时刻。乔尔和阿娃也不再那么害怕杰姬无法预测的行为。他们依然保持一致的家规和界限，平和但坚定地指出哪些行为是他们不能接受的。毕竟，作为父母，乔尔和阿娃的首要任务是帮杰姬和她的弟弟建立原则和价值观。现在，他们关注的焦点，从应对突发事件变成了开启共同调节。

当乔尔和阿娃观察到杰姬进入红色通路的迹象时，他们就会用慈爱的目光，拥抱她，和她说说话，或让她做一些简单有趣的家务。他们也会温柔地询问杰姬身体上的感觉。大部分时候，杰姬没办法回答，但有的时候，她能够说出"不舒服"或"快乐"这样的词。这是帮助杰姬找到情绪失控根源的第一步：觉察自己身体的感觉。每当乔尔和阿娃意识到杰姬的身体预算正在耗尽，他们就会立刻开启积极的互动来巩固她的神经平台。比如，当杰姬看上去在为参加家庭聚会而感到忧虑时，乔尔和阿娃就会告诉她，一会儿有哪些人来参加聚会，聚会大概是什么样子，会有些什么声音，以此来帮助她提前做好准备。就是如此简单的行为，可以帮助杰姬的神经系统提前为即将到来的挑战做好准备，帮助她的身体更轻松地应对家庭聚会带来的压力。

带着对杰姬高敏感特质的理解，乔尔和阿娃通过与她的互动，主动地运用了共同调节和共享联结。在那类过往会以灾难收场的外出活动中，乔尔和阿娃努力采用全新的方式提前帮杰姬做好心理建设。他们发现生活中的很多活动都超出了杰姬的挑战区，意识到这点后，乔尔和阿娃能更好地与杰姬共情，用共同调节帮助她发展自我调节。明白了杰姬可能对声音过于敏感之后，我把一对儿童耳机借给她，以便她在喧闹的活动中佩戴。这让杰姬在感到快被声音吞没时，有点事情可以做。

几个月后，乔尔和阿娃注意到，他们和杰姬都比之前放松了不少。他们更加活在当下，不再紧紧盯着孩子的行为问题，不再内疚，他们看见并尊重孩子，利用共同调节和共享联结满足自我调节的需求。这个转变具有治愈性，随着时间的推移，杰姬的问题行为越来越少并逐渐消失不见。在我们最后一次会面中，杰姬把耳机还给我，作为感谢，她还送给我一幅太阳画。她一边害羞地微笑，一边对我说，她已经不再需要耳机了。

即便是在最好的情况下，养育孩子也是件时常充满挑战、令人精疲力竭的事。共同调节会让人感觉良好，但是它却会耗费很多精力和能量。当我们感到精力不足的时候，如何能够全身心地陪伴孩子？接下来，我们看看作为父母如何才能养精蓄锐、持久续航，因为我们自己才是养育工具箱里最重要的工具。

培养韧性的建议

自我调节，始于初生，其核心在于与一位充满爱意的成年人建立共同调节的关系。这位成年人需要具备敏锐的洞察力，能及时捕捉并满足孩子的需求，为孩子提供持续的肯定与心灵相通的陪伴。当这种基于爱的情感共鸣形成时，孩子便能逐渐学会有效的自我调节。

孩子在与成人共同调节的过程中，逐步学会处理自己的情绪，而不是被情绪吞没。这是一个日积月累的过程，也是支撑孩子未来情绪健康和坚韧品质的基石。

BRAIN-BODY PARENTING

第 5 章

关照自己，帮父母回到绿色通路

拿孩子出气是因为我们被过往的伤痛触发了

滋养自己并不自私，事实上，这是对他人极好的馈赠。

——里克·汉森（Rick Hanson）

没有什么神奇魔法能确保孩子的人生快乐又圆满。但是有一个因素能让命运的转盘偏爱他们，那就是：一对坚韧的父母。当父母的神经平台稳固时，就能更好地引导、教诲、滋养孩子，为他们设立边界。父母也会有一些感觉不太美好的时刻，会失控，做出事后追悔莫及的选择。无论共同调节多么重要，父母首先都需要有一个良好的状态。父母的良好状态不意味着每时每刻都要做最好的自己，而是保证自己尽量在绿色通路中和孩子共度亲子时光。这也是“甜蜜的瞬间”发生的时刻，比如相互依偎、愉快地咯咯笑，或在孩子需要时做他们最坚固的后盾。

在前面的章节中，我们了解了共同调节是给孩子的身体预算充值的一种方式，是一个有助于孩子培养自我调节能力的过程。那么，共同调节过程中最重要的元素是什么？答案就是：父母的神经平台，体现在父母的说话语调、情绪表达、身体姿势、动作节奏以及遣词造句中。在本章中，我们将研究如何做才能让父母尽可能保持最好状态，尽可能带着最大的自我关怀，不带任何评判色彩。我将为大家介绍给自己身体预算充值的有效的方法，这些方法是通过研究而得来的，这样父母就能有足够的资源支持孩子。关照自己，保持和改善我们自己的身心健康是至关重要的，所以不管你有没有孩子，关照自己都值得一做。

在我的孩子们出生之前，我就是一名儿童心理学家了。所以，我对自己能够照顾孩子们情绪健康的能力自视甚高。我对有关养育和依恋关系的文献如数家珍，我以为情绪管理对我来说是小菜一碟！然而事实证明，我简直错得离谱！

前阵子，我在看一些以前的家庭录像，一个瞬间让我诧异不已。录像里，我和先生正在后院和孩子们一起玩。忽然，我们的小女儿开始尖叫。她的姐姐，一个敏感而又安静得几乎从不大叫的孩子，也对她喊了回去。接下来，我做了一件多年以后仍让我感到难堪的事。我大声而又严厉地对姐姐说："你太过分了！"然后，我就让才 4 岁的姐姐接受暂停法的惩罚。我女儿又惊又怕，睁大了双眼看着我，显然她搞不清楚自己做错了什么。我在录像里看到一个压力超负荷、情绪不稳定的母亲。当时，我最担心的事情是隔壁的邻居会因为我吼孩子而对我颇有微词。我还看见了一个正在合理地保护自己的小女孩，而我却对她的行为反应过度。

很显然，我根本不知道我的行为会对孩子造成什么影响。我明明只需要用一根轻柔的羽毛提醒她，或压根儿什么都不做，而当时的我却用锤子给了她当头一棒。我本该带着好奇心目睹这一切，而不是情绪失控地惩罚孩子。我显然感到很不自在，女儿的尖叫让我进入了红色通路。而我把自己的不安全感投射到了她的身上，过于严厉地评判她、惩罚她。然而，回过头看，我知道自己作为一名母亲，在那个时候已经在自己的能力范围内做到了最好，但在那个时刻，我完全无法进行自我调节，也和自己的神经系统失去了联结。是的，我是一名儿童心理学家，但当时，我对于神经平台、安全系统，或神经系统的通路一无所知。那时，我所在的心理学领域并没有建立这些概念，至今仍然没有。

由此，我学到了重要的一课：自己的语言和行为会对孩子产生非常大的影响。

很多父母，尤其是母亲们，和我坦白过她们担心自己的生活和心理负担会阻碍孩子的发展，比如父母自身的抑郁、焦虑情绪，不足的医疗资源、心理健康支持资源或财务资源等。全世界有太多没有足够选择的父母了，每日都在疲于奔命。

父母通常把孩子出生后的第一年看得无比重要，以至于好多充满爱和关怀的母亲会因为很难时刻陪伴她们的宝贝而感到隐隐内疚。我也会经常揣测自己的焦虑和负担是否在损害孩子的发展，并且让他们也感到焦虑。让我告诉你一个令人宽慰的信息：我们生活的环境当然会影响我们的养育方式，但是孩子和我们自己的成长却是动态变化的。大脑和身体时刻都在根据生命中的经历做出调试，因此，成长的窗口永远不会关闭。我曾帮助过 85 岁的老人，通过改变认知进而帮助他们改变了自己的人生观。所以，如果你为自己和孩子曾经的互动而感到焦心，请给自己多一些关怀。你需要理解“当下”的力量，这会改变我们看待未来的方式。我们总有机会在亲子之间以及我们和自我的关系中创造安全、稳定的感觉。每一天都有新的联结的机会、新的关怀孩子和我们自己的方式。

和一个压力过大的人共处一室也会让自己处处紧绷。同理，对你有益的东西，往往对孩子也充满益处。当父母处在平衡状态时，孩子也会在生理和情绪上受益，所以父母进行自我关怀非常重要。

如何减轻父母自身的压力也是本章的重点。哪些事能够让你和自己产生联结，给你的身体预算充值？有一点需要注意：因为这是一本养育书，你很可能会忍不住跳过这个讲述关照自己的章节，但是请千万不要这么做。其实，养好孩子的基础是父母自己的健康和幸福。我们的神经平台驱动着我们的养育行为，就好像孩子的神经平台驱动着他的行为那样。我的意思并非指当我们没有去健身房健身，或没有练习瑜伽的时候就得鞭笞自己；而是说，请记住，父母滋养自己的身体和大脑，才能让自己感到身心平衡，而我们的孩子也是一样的。

父母为什么总是在养育中倍感压力

为人父母之所以令人如此倍感压力，其中一个原因就是我们更倾向于关注消极经验而非积极经验。这是由一个被称为消极偏见的功能引发的结果，这种功能使大脑将消极经验置于积极经验之上。这种“求生”的本能，是一种适应性反应，因为关注环境中的威胁，让我们的祖先具备了生存优势。如果大脑和身体没有对暴风雨或者迎面而来的一大群动物做出反应，那么很可能我们就没有办法看到第二天的太阳。

随着时间的流逝，这种关注生活中消极事物的倾向可能会为一些行为模式奠定基础，而这些行为模式并不总是对我们有利。心理学家里克·汉森如此解释消极偏见的长期影响：坏的经验像魔术贴一样粘着我们不放，而好的经验像特氟龙一样轻易就滑走。我知道我的大脑里充满了对孩子健康的担忧，时常无法享受当下的时光，因为我总是忙着担心。她们今天有没有摄入足够多的健康食物，我有没有让她们参加足够多的课外活动，她们的日程排得太满还是太空。传统的心理学可能会把我容易担忧的倾向诊断为焦虑，但是汉森的观点却更加中立。他认识到人类的大脑已经进化到可以探测威胁并保护孩子，然而这些威胁并不总是会对孩子的身体造成不良影响。像汉森提醒我们的那样，消极经验的确更加黏人，比如很多人可能会把同事或者上司的消极评价特别放在心上，忽略了当天其他好消息。也许，理解这种自然的倾向能让我们多给自己一些关怀。

虽然优先处理威胁帮助我们的祖先生存了下来，但对于现代父母来说，这很可能会成为一种负担。对这种自然特质的理解，让我不再觉得自己是一个神经质或者容易焦虑的母亲，而是一个和其他人一样，有着消极偏见的敏感的人。接下来，我们一起了解哪些措施可以让我们和这个特质成为朋友，与它共存，或者抵消它。

自我关照的益处

美国国家科学、工程和医学学院（National Academies of Sciences, Engineering, and Medicine）的专家和学者，最近发表了一项突破性的共识研究，名为“充满活力且健康向上的孩子”。这份研究再次强调了早期关系的重要性，同时又加入了一些比之前更有开创性的新发现：父母也需要被关爱，并且对于孩子的健康成长十分重要。

虽然这些内容听起来像是老生常谈，但研究儿童发展的学者通常只会关注父母“做”什么来培养孩子，而没有关注父母自己的感受，也没有关注父母本身有没有得到支持和关爱。很多父母仍然不堪重负，并没有得到周全的关照。

独自支撑的阿米莉亚

我的来访者阿米莉亚是一名单亲母亲，在诉说她初为人母那段艰难的日子时，她便开始哭泣。阿米莉亚和她的宝贝赛拉斯一起住在阿米莉亚的母亲家里。阿米莉亚在一家保险公司工作，而她的母亲则留在家里帮她照顾婴儿。尽管阿米莉亚对赛拉斯充满欣喜与关爱，但是当赛拉斯哭泣的时候，阿米莉亚常常感受到强烈的焦虑和不安。

赛拉斯的儿科医生把我介绍给阿米莉亚。阿米莉亚坐在我的办公室里向我解释，她理解孩子强烈的情绪是幼儿成长时期再正常不过的现象，但即便如此，赛拉斯日常的哭泣仍然会激起阿米莉亚一股突然而又陌生的恐惧感。如果赛拉斯持续哭泣超过 10 分钟，阿米莉亚的心跳就会加快，全身出汗且焦虑不安。有时候，阿米莉亚实在受不了了，就会把孩子留给她的母亲，自己出门在附近散个步、喘口气。

阿米莉亚并不知道赛拉斯的不安为何会如此牵动自己的神经。当儿科医生向她保证，赛拉斯很健康，各项发育都达标的时候，她仍然没办法放松下来。是的，她对儿子充满爱，但是转变为母亲这个过程对她来说并不容易。她感到自己的情绪随时随地都有可能倾泻而出。她是家里唯一的收入来源，这也给她增加了额外的压力和负担。

困境中的蒂龙和达娜

我的另一对来访者是蒂龙和达娜，这对夫妻和他们精力旺盛的 7 岁儿子贾希姆在新冠病毒感染疫情期间共处一室了好几个月，夫妻俩却最终陷入困境。疫情前，贾希姆开心地去上学，课后还有他喜欢的各种活动，而他的父母也各自做着自己喜欢的工作。但现在，夫妻二人发现彼此越来越容易争吵，和贾希姆的互动也比他们记忆中的任何时刻都要消极。疫情之前，他们关注的焦点与其他父母相似：贾希姆有没有做完作业？有没有足够的户外运动时间？晚上有没有给他充足的阅读时间？现在，这些问题依然存在。这对夫妻还面临着额外的压力和内疚感，因为他们不得不对贾希姆设立严格的边界，以便他们能够专注自己的工作。蒂龙向我坦言，他经常因为贾希姆打扰自己而对他发火，然后又为此感到内疚。当贾希姆拒绝把玩具收好，或上网课一言不发时，夫妻二人因为如何处理儿子新出现的挑衅行为产生了非常大的分歧。

这两个家庭的经历并不罕见。孩子们的情绪会被无数的经历牵动，我们的情绪也一样。好消息是，我们总有应对的方法。接下来，我们将探索一些基于研究而得来的强有力的方法，这些方法可以帮助父母增强自己的身心健康。

回归绿色通路的方法

当父母自身的需求得到满足时，神经平台自然就能得以巩固，情绪也能更加稳定。父母的自我感觉越好，就越能与孩子共同调节。

即便很多人都知道如何进行良好的自我关照，但是我们通常很难只做人们经常鼓励我们做的那些事，比如锻炼身体、多睡一会儿、吃健康饭菜等。有时候我们不得不牺牲自己的需求来满足孩子，我们需要挣钱养家、努力维持生活的稳定性。就像蒂龙和达娜所经历的那样，疫情只是增加了这些本就存在的养育压力。

如果你在保持情绪稳定方面遇到困难，我希望你可以记录某一周的情绪波动情况，然后回答下面这些问题：

- 你每晚有没有睡足 7 ～ 8 小时？
- 你每天有没有喝足 6 ～ 8 杯水？
- 你每天有没有吃够营养丰富的食物？
- 你每天有没有活动身体，不管是正式的锻炼还是通过日常活动达到运动的效果？

很有可能，你在回答上述问题时，答案中至少有一项是“否”，尤其当你还是新生儿或者低龄幼儿父母的时候。没关系，第一步就是意识到有些事你做得还不够好。被压力吞没时，你很可能会忘记好好喝水、好好吃饭或从你坐着工作了一整天的椅子上起身活动一下。

如果你睡眠不足，水喝得不够，没有好好吃饭或没有社交生活，那么后果很可能会反映在你的身体健康上。根据你的遗传基因和生活经历，这些后果可能只有等到你老了之后才会显现。

回顾过去，我真希望自己在孩子们还小、我以为自己无往不胜的时候，能好好注意一下自我关照。但是当时我太忙了，总是把自己的需求放在孩子们的需求之后。我自认是个能量满满的人，热爱我的工作和繁忙的生活，也从来没有听说过"身体预算"的概念。我在心理健康方面所受的教育和训练，让我把身体和心灵一分为二来看待。比如，过去我认为焦虑是一个心理概念，和身体无关。但是，我们会看到，这种把身心一分为二区别对待的方法并不可取。照料你的身体，就是照料你的心理健康。自我关照，关照的就是心理健康。它是共同调节的养料，因为一个身体预算长期枯竭的人是不可能养好孩子的。养育子女所需的精神能量、计划性以及毅力，对于我们的身体和情绪来说都是一笔沉重的负担。我们必须学着去把自己的幸福和健康放在首位。

从基础开始吧！摄入营养丰富的食物，常喝水，把活动身体纳入你的日常计划或制订一个简单的运动计划，这些计划对你保持健康，尤其是长期健康十分重要。此外，还有一个最重要但常常被忽视的因素——睡眠。

睡眠是你生命的支持系统

上面关于每晚是否能够保持 7 ～ 8 小时睡眠的问题，并不是只有你一个人的答案是"否"，但你要明白自己身处险境，尤其是如果你经年累月长期睡眠不足的话。加州大学伯克利分校研究睡眠的神经科学和心理学教授马特 · 沃克（Matt Walker），在他广为流传的 TED 演讲《睡眠是你的超能力》（*Sleep Is Your Superpower*）中说道："睡眠不是一个可供选择的奢侈的生活方式，而是一个不容商榷的生物必需品，是你生命的支持系统。"睡眠支撑着我们体内的每一个系统，包括心血管循环系统、神经系统、内分泌系统、免疫系统，也保障着我们的共同调节能力，以及在工作和养育中思考并做出决策的能力。

每个父母都体会过有了孩子后睡眠质量大不如前的经历。我时常半开玩笑地说，我最后一个“安然好眠”的夜晚是我第一个孩子出生的前一晚。从那以后，我的大脑总有一部分在聆听孩子的哭声，或她们对我的召唤，比如咳嗽或起夜的响动。夜晚变成了一系列睡眠被打断的瞬间。半夜三更，总有那么一个让我珍视的人可能会需要我，然后是两个，再然后是三个。

睡眠不足在美国的文化里并不容易解决，其中一个原因是很多人与自己的家人或其他可以帮助我们照看孩子的亲人相距遥远。现在的美国人不像早先那样和大家族住在一起，大部分父母都得独自承担养育的重任。

我在多代同堂的大家庭里长大，家里有三个长辈：我的父母和我的外婆。幸运的是，他们三个人中总有一个能在其他人有事，比如生病需要休息、外出办事、照顾另一个孩子的时候扛起家庭重任。如今很多家庭都没有这样的奢侈条件，大部分人都在无休止的工作和教育孩子的事务中连轴转。每天只有等孩子睡去，才能做点自己想做的事情。即便如此，睡眠仍是我们生命的支持系统，要避免让睡眠不足成为长期问题。

在身体建立起稳定的睡眠模式之前，发挥创造力显得十分重要。这意味着你需要想办法让别人分担看孩子的任务，或者降低自己对于完成诸多事情的期待。和你的伴侣轮流值夜班，处理孩子夜醒的问题。对于新生儿父母来说，你们需要听从“孩子睡，你也睡”这个明智的建议。

对于大一点孩子的父母来说，你们可以为孩子树立一个良好的入睡榜样：确立固定的入睡时间，以及一系列健康的睡前程序，比如在睡前一起放松、刷牙、看书或者拥抱，然后，慢慢入眠。父母可以向孩子展示如何滋养自己、如何帮助自己入睡。从短期来看，休息得好能够帮助你更有耐心、更专心地陪伴孩子；从长期来讲，它决定着是否能帮你避免患上某种疾病。充足的睡眠就是如此重要。

与他人联结：你每天能腾出几分钟来吗

除了食物、水和睡眠，还有一个为人父母必不可少的需要：与那些让你信赖的成人建立联结。像我们的孩子一样，成人的生存和成长也仰赖着与他人的联结。这是培养韧性最重要的一个因素。身为父母的我们感受到被关怀，被我们的孩子和其他成人看见、肯定和爱着，这些对于我们养育孩子也是十分重要的。研究压力与养育的学者苏尼亚·路德（Suniya Luthar）问过这样一个问题："谁给母亲们当妈妈呢？"

多年前，当我在一个心理学会议上听到路德博士问出这个问题时，我会心一笑，因为我敢肯定对于大多数母亲来说，这个问题的答案是：没有人。在很多西方文化中，尤其是在美国，父母脱离了传统的大家庭和社区的帮助，独自抚养孩子。而我的父母在结婚以后，一直和我的外婆同住，始终有一个天生能干而有爱的人帮助他们。我的父母从来不需要独自抚养我们，这也促成了他们日后创业并取得成功。

而我选择了以小家庭为单位养育我的孩子们，因为我十分看重隐私，也非常重视对孩子们经历的掌控感，以及那份掌控感带给我的安心。坦率地说，我也享受不借助太多外力和干预、与先生一起带孩子的经历。即便如此，路德的问题仍然十分重要。谁能给母亲们情感上的支持呢？路德广泛而深入的研究强调了父母从朋友或者家人那里获得社交和情绪上的支持非常重要。

这也是孤独和社交孤立会给身心健康带来风险的原因。一项大规模研究揭示，在近 2 万名成人中，接近半数人时而甚至总是感到孤单和被孤立。我们需要他人来帮助我们感到安全而有保障。回想一下，疫情封控期间，你有哪些感受？几乎每一个找我咨询的父母都说，在那段时间，他们感到孤立无援、紧绷和焦虑。直到我们迫于无奈失去与他人的联结时，我们才发现此前一直低估了这种联结对身心健康的重要性。好消息是，只要是和你爱的人在一起，即便是短时间的联结，也可以帮助你减轻压力，找回踏实感。

思考以下几个问题，它们能够帮助你评估自己对情感支持的需求：

- 你身边是否有和你共同抚养孩子的人？比如配偶、父母、朋友、家人或社交圈里其他让你感到安全、被爱和被接受的人。
- 那个人能否给予并接受彼此的关爱？这样你们俩就能共同经历脆弱的时刻，与彼此分享各自的忧虑，而不需要过滤信息或担心对方评判的眼光。
- 这个人在你需要他的时候有没有时间，或者你们能否有规律地时常碰面相处？

每个父母都需要一个能够见证你的挣扎、让你感到安全并信任的人。他们能够帮助你感受到被看见和被爱，本质上是他们能够和你进行共同调节。请记住，并不是只有婴儿和儿童才需要和他人进行共同调节，我们所有人都需要！试一试，每天至少抽出几分钟的时间，和另一个人建立温暖的联结。如果你是一个单亲母亲或父亲，这一点尤为重要。给一个信任的朋友打电话，或者计划一个时间，与他人一起散散步或喝杯咖啡，我们都会从这些关系中获益。

如果你现在没有这种支持，也没关系。也许对于当下的你来说，还无暇顾及这件事，但是可以把它作为未来的计划先记下来。这些建议并不是要增加你的负担，而是帮助你把生活变得更容易一些。

觉察你所处的通路

观察对于理解孩子来说至关重要，同样地，自我观察也是我们理解自身神经平台的途径，可以帮助我们理解自己的身体和大脑在当下或某段时间内的状态。还记得第 3 章中提过的自我检视吗？当我们有了觉察的能力，就能理解并且意识到自己平静或焦躁的水平。如果我们知道自己身处红色通路，这个简单的觉察就能阻止我们吼孩子，转而选择做一件让我们更加心安、增进亲子关系的事情。当我们练习觉察时，就会感到更加脚踏实地、身心平衡。

在我还是个小女孩的时候，我亲爱的奶奶沉思时总会叹一口气，再深呼吸，然后慢慢地重复“So”这个英文单词。英语是奶奶的第二外语，当她找不到合适的英语单词来表达，或当意外的事情发生而她需要些时间来思考时，她就会这么做。

“So”这个词刚好也代表了自我觉察的两个步骤：停下和观察。这两者也是自我检视的两步。自我检视能够帮助你分辨自己所处通路的颜色。在正念流行的几十年之前，我的奶奶就已经凭着直觉发现，慢下来或暂停是一个有用的方法。

花一点时间停下来，观察你的身体正在经历着什么：它可能是某种生理感受，像是心跳的节拍或者身体某处的疼痛，也可能是口渴或者饥饿的感觉，还可能是某种情绪或某个念头。只是观察，而不去评判其好坏。如果你什么都没有觉察到，或者你感受到了消极的感觉，也没关系。接纳它们，没有对与错。如果你是第一次进行觉察，可能会感觉有些奇怪。如果观察自己的想法和感受让你感到不舒服，也别自责。

对很多人来说，快速运转是一种让我们保持平衡的适应机制。如果慢下来让你感到不安，先认可这份感觉。在未来某个时刻，等自己做好了准备，再试一试。

很多父母告诉我，他们没有时间留意自己身体的感受，对此我非常理解。当我还是个年轻的母亲时，也会因为太忙而觉察不到自己口渴，会忘记喝水。我每天忙个不停，慢下来根本不现实。直到有一天，我因为脱水而不得不去看医生，这件事给我上了十分有用的一课，让我意识到我和自己身体的各种感觉，诸如口渴等，有多么疏离。

自我觉察就像燃料，能够帮助你加满自己的油箱，加固自身的神经平台，以便承担养育这个艰巨的任务。当我全力抚养三个孩子的时候，

“以自己为中心”以及“自我关照”听起来过于奢侈，甚至和我的直觉以及曾受到的“为母则刚”“为孩子牺牲是美德”这种价值观相违背。我更愿意把空闲的时间和精力花在孩子们身上。我喜欢当母亲，然而却没有留意随之而来的压力对我生命造成的损耗。

如今，我和已成年的孩子们回顾那段时而充满欢笑、时而令人难堪的时光，彼此的回忆充满了爱和关怀。我和先生都有兼顾事业和家庭的野心。在生活中，我经常在没有自我觉察的时候已经开始行动。有一次，我在家里给一个患者打电话，却被孩子们不停的吵闹声弄得心烦意乱，直接抓了把梳子朝她们扔过去，此时我已经心生不安。还有一次，我开车去购物中心，结果到达那里才发现自己忘了穿鞋子，实在是非常搞笑。是的，我为人母的生活，常有些灵魂出窍的体验。我想说的是：很多时候，我都处在红色通路中，对于自己的身体预算一无所知。如果当时我能理解，培养觉察以及花时间满足自身神经系统的需求是非常重要的，我应该能成为一个更加冷静、更加健康的母亲。

正念冥想是一个让我们能够更好地意识到自身需求的方法，也能够帮助我们觉察在某一时刻神经系统所处的通路。几十年的研究已经证明了正念对于身心健康的积极影响。正念练习，可以从每天找几个时间暂时停下来去觉察感受和情绪开始。你可以留出几分钟的时间进行正念，即单纯地、不带评判地关注当下，从而增强你的觉察力。这些短暂的瞬间不仅会让你和自己更好地联结，还能减轻压力。市面上有很多免费的应用程序可以引导你做正念练习，其中一些练习只需要一分钟而已。

不论我们是心平气和，还是不再冷静，我们的目标都不是做一个完美的父母，而是带着对自身的感受、情绪和思绪的觉察，在不可避免的波折中航行。当我们这样做时，就可以从中找到安慰，允许自己感受内心的情感，帮助自己，而不是羞辱自己。

在如今的高压文化下，很多父母时常感到被他人评判，或者持续对自己有消极评价。一项大型的研究发现，10 个父母里有 9 个几乎每时每刻都感到自己被评判。如果你感到被苛责或过分自责，你并不是一个人。看起来，关怀孩子比关怀我们自己要容易得多。

富有同情心地关怀我们的孩子可能是父母的第二天性，但是我们却无法始终同样地关怀自己。我们该如何练习自我关怀呢？很简单，只需要简单地感受并承认我们正在面临挑战和艰难的困境，意识到挑战是人类共通的经历，而我们并不孤单，然后给自己传达善意和尊重，就像是当孩子们挣扎的时候，我们会做的那样。

人们有时候会消极对待自我关怀这件事。有的人会想，这是脆弱的表现还是怜爱自我的一种新潮流？**正相反，作为父母的我们总有感到被评判的时刻，所以练习自我关怀其实既强烈又勇敢，有时甚至是反直觉的。**自我关怀并不是自我宠溺，它能为我们的神经平台添砖加瓦，而研究也表明，它能改善你的身心健康。自我关怀能让你的自我感觉变好，使父母更容易修补和孩子之间的裂痕与摩擦。有时把事情搞砸是人之常情。自我关怀也帮助我们为孩子树立心智灵活性和自我接纳的榜样。说了这些以后，如果自我关怀仍然让你感到不适或者不舒服，本着尊重每个人独特个性的精神，请你放心，这也真的没关系。忘了它，去尝试一些别的让你的身体感到被滋养的事情。能让你的大脑和身体放松下来的方法就是对的方法。

另一个十分有用又不占用额外时间的养育技巧就是控制呼吸的节奏，提高呼吸的质量。当我们控制自己的呼吸时，我们能更好地进入绿色通路，有助于从压力中恢复过来。心理学家达娜曾说“呼吸是通往自主神经系统的直达通道”。我们可以利用呼吸来帮助我们减少不适感。研究表明，缓慢、有控制的呼吸，会给我们的神经系统传递“平静下来”的信号，从而减轻焦虑、压力和抑郁，并且能提高免疫力。

对于很多身体超负荷运转且一直有紧绷感的人来说，有控制的呼吸能够帮助他们真正放松下来。我们的自我感觉会变好，能更好地和孩子进行共同调节。当你拎着大包小包的食材，而孩子嚷着要吃饭，或狗狗刚夺门而出的时候，请记住这一点。当你终于累了一天，躺在床上想要入睡，但你的身体和意念都无法放松下来的时候，记住这一点也十分有用。如果你有一点时间独处，我建议你练习一下有控制的呼吸或任何类似的练习。

试一试

有控制的呼吸

慢慢地深吸一口气，如果可以，请用鼻腔呼气，从 1 数到 4、5 或者 6，反正数到你觉得最舒服的数字就好。让你的肺部充满空气，感觉你的腹部被填充。现在呼气，再一次，延展你的呼气，数到 4、5 或者 6，连续重复几次以上的呼吸。

如果你感到更加放松和有意识，那是因为你刚刚把生理状态切换到了绿色通路，甚至进入更深的绿色通路中。

有控制的呼吸最吸引人的地方就在于它随时随地都可以做。无论是你正在安抚一个哭泣的婴儿，还是抚慰一个叽叽歪歪的幼儿。有控制的呼吸提醒我们对自己和孩子保持耐心，也提醒我们养育孩子需要慢下来。

觉察你的“触发点”

我们对生活和孩子的反应可能是由我们自己过往的经历引发的，比如早期充满压力的经历，并受到这些经历在我们脑海中留下的记忆的影响。这些记忆往往存在于我们的意识之外，包括我们的父母和养育者如何回应我们的需求，以及他们的行为是否与我们个人对于安全感的独特需求相匹配。比方说，如果你的父母很难容忍你的消极情绪，或者当你有消极情绪的时候误解、忽视或者惩罚你，这些早期的经历就会影响你容忍孩子的消极情绪的能力。当你的孩子有这类情绪，或者当他们经历你曾经历过的发展阶段时，你可能会更容易被触发。

有时候，我们自身的过往经历会让我们面对孩子们的挣扎时，难以容忍随之而来的压力。当孩子经历消极情绪的时候，我们会感到不舒服，而忘了做他们坚固的后盾。对我来说，这是个莫大的挑战，因为我一心想要我的孩子免于经历我小时候经历过的苦难。但是记住，不去经历可承受的“良好”压力，实际上可能会阻碍孩子发展韧性。我曾在一位信任的咨询师的帮助下，培养对于自身“触发点”的觉察和关怀的能力，由此成为一个更加坚韧的母亲。咨询师给了我无与伦比的共同调节，为此，我一生都对她充满感激。我们都听说过这样的故事，一些从小被安排得太好的大学生，忽然有一天被迫独立面对自己的人生时，他们会招架不住，全线溃败。觉察，再说一次，尤其是充满关怀地觉察自己的过往和我们为生存所做出的适应性调整，都能让我们的孩子不必重走我们早年走过的路。

有一位父亲曾经告诉我，他的母亲只接纳他的积极情绪。当他生气或者表现出任何一点攻击性时，母亲和他的联结就会完全断开。因此，他变得擅长隐藏消极情绪。在他成为父亲后，儿子生气或者害怕时，他的内心就会翻江倒海，不知所措。当我向他解释孩子的反应没有超出正常的范围，这位父亲感到如释重负。他的儿子感到生气，是既健康又符合预期的。当这位父亲意识到他曾经把取悦父母作为一种适应性的生存策略之后，他便开始能够容忍和接纳自己的感受，甚至开始鼓励自己的孩子去表达消极情绪。帮这位父亲做到这一点，我靠的是让他更好地把基本的生理感受和更多形容情绪的词语联系起来，这也被称为“情绪粒度”。起初，当这位父亲感到不安时，他只能说出他内在感觉“不好”。几个月以后，他的描述就精细了很多，能表述的情绪包括焦虑、愤怒，或者嫉妒。很快，这位父亲就能够帮助他的儿子这么做了。

当你和孩子在一起的时候，如果感到情绪被触发，请先停下来，不带评判地觉察。你有可能是被某个意识之外的过往记忆或者经验触发了。如果你感到某个未被消解的过往正让你和孩子无法融洽相处，那么接纳它可以帮助到你，而不是在情绪上折磨自己。悔恨、羞愧和内疚，只会消耗你的身体预算。所以，自我关怀在这里显得举足轻重。我们的父母不像我们能享受到正面管教的知识所带来的益处，而这并不是他们的错。我们的父母一心为我们好，但传递的信息可能会让我们感觉不好或者质疑自己，比如“你反应过头了”“当大人问你问题的时候，你应该有礼貌地回答”或“别在大庭广众之下丢人现眼”。父母意识到这些，就已经能避免孩子们重蹈覆辙了。

试一试

回想一下，在你小时候，你的父母是否看见并且接纳了你的需求和情绪？把它们写下来。当你年幼或者处在青春期时，你的父母或者身边的大人，对你消极情绪的容忍度是宽还是窄？把你的观察罗列出来，然后思考一下，有没有哪些过往的伤痛在你为人父母的时候显现出来。

有时候，父母做出的本能反应是由意识之外的原因造成的。潜意识中的一些触发因素可能会让我们对孩子的行为反应过度或者反应不足，这取决于触发的是什么。本章中的方法能够帮助父母有意识且更好地从孩子的角度来看待他们的需求，而不是从父母自身投射的忧虑或者伤痛中做出反应。我们自身的“不当”行为和孩子们的一样，是潜意识做出的适应性调整，是神经系统的一种自我保护。

BRAIN-BODY PARENTING
脑身教养法要点

重要的是觉察，而不是拥有一个完美的童年

没有人拥有完美的童年。不管我们童年的处境如何，最后的决定性因素在于我们如何看待我们的生活，即我们如何讲述自己的故事。当父母对自己的情绪、生理感觉、思绪和记忆有觉察时，孩子也会从中获益。这份觉察帮助父母把自己的压力和问题，与孩子的需求和情绪区分开，也能防止父母拿孩子们出气。

父母不需要被自己的过往困扰。从温柔地对待自己开始，把未知变成已知。这样，过往的经历就不会再导致我们对孩子采取不可预测的行为，反而成了一种信号，告诉我们情绪已被触发，该好好关照自己了。

与过往的自己产生联结

压力是我们生活中不可避免的一部分，因此拥有让身体平静下来的工具就显得十分重要。不同人对压力的感知千差万别。创建你自己专属的“压力工具箱”可以用来保持冷静并给身体预算充值。我们需要花一些时间探索自己的工具箱里应该有些什么。随身携带一个笔记本，记录那些能让你感到身心愉悦的活动或时刻，同时要警惕我们的“消极偏见”。我鼓励父母们把那些感觉良好的时刻写下来，因为随着时间的流逝，那些愉快的时刻可能会从指尖划过，而那些充满压力的时刻却会留在我们的脑海里。在当下把愉悦记录下来能让我们捕捉到这些时刻，然后有意识地去复制这些体验。

试一试

写下你的个人偏好，以便感受更多与自己或他人的联结。也许是在没有孩子跑过来问问题的清静片刻，洗个热水澡，享受一下；也可能是听听音乐，翩翩起舞；或在午休的时候，悠闲地散个步；还可能是冥想、种花种草、上瑜伽或者动感单车课；或和朋友们一起喝咖啡；也许，只是简单地和孩子一起去户外坐一坐，享受阳光洒在头顶的某个瞬间。只有你才最清楚哪些事情能够帮助你恢复平衡，哪些积极的经历或者习惯能让你感到平和、舒适或者愉悦，哪些活动在你精力不足的时候可以给你充电。

在已经有了这些自我关照的方法之后，让我们重新看看本章开头提到的两个家庭：母亲阿米莉亚会被儿子赛拉斯的哭声触动；而蒂龙和达娜，原本的夫妻矛盾和亲子冲突在疫情期间迅速升级。

实践时刻 BRAIN-BODY PARENTING

阿米莉亚找到了隐藏的忧虑

为了确认赛拉斯的哭泣是否来自身体的不适，我建议阿米莉亚联系儿科医生。排除了生病等病理原因，我们便开始探寻阿米莉亚这段反应背后的深层原因。我告诉她，有时候孩子的某个动作、行为或者发育阶段会触发我们自身潜意识中倍感压力的记忆。所有父母都会发现自己会在某个时刻被孩子的某些行为触发，就好像生活带给我们的境遇会决定我们在蓝色和红色通路间切换一样。我们能控制的是如何思考这些记忆以及如何应对。

阿米莉亚在充分信任我之后开始探寻自己的过往，尝试理解为什么赛拉斯的哭泣对她来说如此难以应对。阿米莉亚回忆自己还是个孩子的时候，如果她有强烈的情绪，她深爱的母亲，一个长时间在杂货店工作的主管会尽己所能帮助阿米莉亚停止消极情绪，让她尽快开心起来。作为孩子，阿米莉亚并没有空间识别自己的情绪，因为她的母亲对她自己的不安都应接不暇。所以小阿米莉亚只能压抑自己的消极情绪来帮助母亲。

阿米莉亚逐渐变得善于帮助他人感到安全和快乐，这个特点也为她赢得了很多朋友，并在职场上获得了极好的名声，但与此同时，她的身心健康也为此付出了代价。阿米莉亚意识到自己的母亲从前没有倾泻情绪的出口，因为她总是忙于照顾其他人，确保家人不会挨饿，而母亲面对困难和挑战，都是自己咬牙坚持，扛住伤痛。阿米莉亚也学会了掩饰自己真实的感受。

这也解释了为什么阿米莉亚表面上总是开心向上，却又很容易受到触发，让自己陷入不安。

在我们的共同努力之下，阿米莉亚开始理解她的母亲在处理消极情绪方面存在问题，而这些问题始终留在阿米莉亚成年早期和潜意识的记忆中，在赛拉斯的哭泣无法被安抚的时候，阿米莉亚的安全探测系统就会被触发。我帮阿米莉亚把孩子的哭泣带给她的感觉赋予了新的意义，来减轻她对自己严厉的自我批判，就好像父母会帮助孩子把经历整合成可容忍且安全的那样。我时常这样做，帮助父母们用一种全新的充满关怀的方式诠释他们自身不安的感受。

带着觉察和莫大的自我关怀，阿米莉亚终于感到了自洽。她开始承认自己背负的重担和忧虑。因为自己是家里唯一的经济来源，阿米莉亚一直担心自己或者赛拉斯生病，还会因为家里和工作上无尽的鸡毛蒜皮而压力重重。阿米莉亚意识到这些触发她的导火索之后，感到一阵释然，因为她终于发现自己和年幼的儿子之间看似不合理的互动方式是有原因的。她也更加深刻地理解了自己与母亲之间复杂的互动，更加坦诚地面对自己的母亲，也尽量增强自己对赛拉斯消极情绪的忍耐力。有时候，她会打电话向我寻求额外的帮助，也开始用自我关怀的练习方法安抚自己，鼓励自己。她和所有的父母一样，不是一个人面对这些艰难的苦痛。

几个月以后，阿米莉亚更能容忍自己的不安了。她对自己的评判也变少了。在一次咨询中，她告诉我，她感觉好像拉开了自己情绪之窗的窗帘，让阳光照进来。当阿米莉亚开始关心自己的身体，用对待赛拉斯那般的温柔来对待自己，她就不再为孩子的哭声而困扰了。

蒂龙和达娜找到了更多的平衡

当我遇到蒂龙和达娜时，这对父母正处在身体被掏空、身体预算逼近枯竭的状态。我告诉他们，贾希姆经常在工作日不断打扰父母、不肯听从父母指令等举动，是非常正常的表现，因为他爱父母，也因为他的自我调节能力刚开始发展。我也解释贾希姆的问题行为反映了疫情给他造成了压力，他也在想念朋友、同学和老师。

蒂龙和达娜花了一些时间弄明白，如何重新给自己的身体预算充值。蒂龙十分怀念去健身房锻炼的日子，而健身房在疫情防控期间不得不关闭。所以，他用年终奖买了一台动感单车重新恢复锻炼。每周，蒂龙也开始和他的好朋友在线上聊天。达娜意识到，她的压力主要来自督促贾希姆在家上学，担心贾希姆在学习上会掉队，她承认自己给了贾希姆和自己莫大的压力。因此，她和贾希姆像是乘上了同一辆情绪过山车。当贾希姆开心的时候，达娜也开心；而当贾希姆烦躁的时候，达娜也跟着烦躁起来。在家工作对于达娜来说当然有些益处，但是她需要找到让自己平静下来的方法。这样，她才能够帮助贾希姆调节他不断转换的通路，而不是被他的情绪影响。达娜发现正念对她有所帮助，便开始使用一个有短时间冥想功能的应用程序，可以帮助她更好地管理自己面对压力时的反应。达娜也意识到，日常熬夜追剧导致她长期睡眠不足。重视自己的睡眠需求，也让她修复了自己的耐受力，能够更好地关注儿子。

最后，这对夫妻意识到，他们已经快一年没有在晚上单独出去约会了。蒂龙和达娜开始和一个在疫情防控期间保持来往的朋友轮流照顾彼此的孩子，这样，他们两人就又可以每周单独去公园野餐，共同享受一些休闲的时光，以便更好地恢复精力。

这些家庭用所有父母都能做到的方式找到了解决方案：充满关怀地觉察过往以及身体和情绪的需求，允许自己从值得信赖的人那里寻求安慰。

培养韧性的建议

在我们育儿的工具箱中，最为核心的工具无疑是我们自己的身心健康。然而，这并非要求我们追求完美无瑕。核心在于培养敏锐的觉察力，以便洞察自身需求，找到适合自己的自我关怀之道，并以满怀关爱的态度付诸实践。珍视自己的心理健康，做自己情绪的主人，这既是对自己的最好呵护，也是给予孩子最宝贵的礼物。

第6章

关注内感受，培养韧性

总跟孩子说“没什么大事”可能会削弱他的韧性

这世上绝不会再有另一个你。

——伊迪丝·伊娃·伊格（Edith Eva Eger）

如果孩子天生自带一份养育指南，教父母如何养育这个“幸福小可爱”，岂不是很好？事实上，确实有这么一份，那就是孩子的身体。有时候父母为养育做出的努力没有达到预期，是因为我们过于专注在孩子发育尚未健全的思辨力、意志力或自控力等方面。无论我们提供多少激励，使用多少行为后果教育，或给孩子讲多少道理，事情都不一定会朝着我们希望的方向发展。如果父母想要理解孩子行为的真正含义，就需要关注他们通过身体做出的对世界的反应，这为我们提供了很多有价值的信息。支持孩子的最好方法之一就是去理解他们如何体验世界，以及这些体验如何影响他们最基本的感受、行为、想法和情绪。毕竟，我们的感觉是我们理解世界的通道。

举一个简单的例子来说明为什么关注孩子的身体反应非常重要。很多孩子会激烈抗拒看起来无害的体验，比如用洗发水洗头发。一些孩子特别讨厌洗头，这个经验会触发红色通路的行为，比如哭泣、尖叫或把父母推开。面对这样的情形，很多父母，包括我自己，在孩子还小的时候都试图用“武力镇压”来解决，或者认为孩子小题大做。但是，这两种回应都会进一步刺激孩子的安全探测系统。“武力镇压”没有尊重孩子感觉系统中发出的强烈信号，而在那个时候和孩子谈逻辑、讲道理都无法帮助孩子安静下来。

我并不是说如果孩子抗议就不要给孩子洗头。我的意思是，你要找到一种能减轻孩子压力的方式来帮助他愿意洗头，也就是说，减少孩子的主观体验对身体预算造成的消耗。如何做到这一点？用一种尊重孩子感受的方式教育他，这是本章的重点。我们会去探索通过了解孩子的身体如何感觉这个世界，进而了解他们的心理。

有时候，学习的瞬间会不期而至。我仍然记得，我和先生激动地宣布我们准备带女儿去迪士尼乐园为她庆祝生日时，并没有得到期待中的回应。女儿摇摇头，说她不想去。

我和先生相互对视，十分不解。哪个孩子会不想去迪士尼乐园呢？很多年后我才明白，并不是女儿不知感恩，而是她特别了解自己。女儿的选择十分有道理，完全基于她之前在迪士尼乐园的经历。其实该学习的是我们这对父母。

孩子为何会呈现出那些问题行为？再说一次，行为只是冰山一角。要去理解表面之下的原因，我们需要探索孩子的身体是如何与世界互动的。

大脑和身体时刻都在进行双向通话

我们所有人都是通过自身的感觉系统来经历和诠释自己周遭的世界的。我们的中枢神经系统由大脑和脊髓构成。周围神经系统通过神经通路这个超高速通道来联结大脑和身体的其他部分。当大脑对身体发出的一系列信息做出反应时，身体也根据大脑发出的指令行事。这种持续的双向通话，在我们每个人的体内时刻上演。身体向大脑传递信息，大脑处理这些信息，然后给身体发回信号，从而引发了我们的行动。

想一想，当我们听到呼啸而过的警笛不由自主地捂住耳朵时，或者当孩子坐在地上痛苦地说“我肚子痛”时，我们的身体发生了什么？当孩子感到不舒服时，他的消化系统内部及周围的传感器就会通过脑身通路发出信号，在大多数情况下，孩子能意识到这些感受，然后通过脑身联结对这些感受做出反应。比如，坐下来，告诉父母“我肚子痛”。

当身体向大脑发出信号时，我们会用一种保持身体预算平衡的方式做出反应，用科学术语来说，就是维持“内稳态”。值得注意的是，80% 的神经纤维用于从身体向大脑传送信号，而只有 20% 的神经纤维用于从大脑向身体发回信号。

即便如此，父母仍然时常忽视那些从孩子身体涌向大脑的影响孩子感受和行为的信号。关注这些自下而上的信号，能够帮助父母更好地理解孩子的身心感受。

上述这种观念是从全面的视角看待孩子的发育，把孩子的行为和情绪理解为他们感知世界时的个体化差异，这种观念对于很多教育者、儿科医生、心理健康从业者和家庭教育专家来说，还十分陌生。美国传统文化下，很多人还没有意识到孩子大脑和身体的相互影响。因此，父母从不同的信息来源，像是儿科医生、社交平台意见领袖、养育书、老师和出于好意的祖父母们那里，收到相互矛盾的养育建议，就不足为奇了。神经系统不断地从周围世界吸收信息，进而影响孩子的行为，它才是养育孩子的指南。

感觉驱动行为

当父母理解了行为只是冰山一角，并且知道它对我们大脑和身体中肉眼看不见的部分有意义之后，父母该如何运用这些信息来更好地支持孩子呢？一个重要的方式就是关注孩子如何通过感觉来理解世界。当我还在南加利福尼亚大学读本科时，并不知道我的学校里有一位名叫琼·爱丽丝（Jean Ayres）的教授正在研究一个理论，而这个理论日后成为我作为儿童心理学家的支柱理论。作为一名职业咨询师、心理学家和研究者，爱丽丝教授研究了感觉在人类行为中的作用，并开创出了感觉统合领域的研究。感觉统合解释了大脑如何接受和组织感觉信息，使我们能够适应日常生活，以良好调节的方式回应这个世界并与之互动。

根据爱丽丝的说法，“你可以把感觉想成是大脑的一种‘食物’，它提供了指引身体和意志所需的知识”。信号从大脑发出，重新回到我们的身体里，触发了相应的行为。波格斯对此的解释是：“感官体验驱动我们的行为，并有助于组织我们的思想和情绪。”我们能做到这一点是因为过去的感官体验会告诉我们未来遇到类似的情形该如何反应。巴雷特告诉我们，人类的大脑是令人惊奇的模拟器，它用我们“过去的经验构建一个假设，然后进行模拟，也就是与我们从感觉中接收到的杂音进行比较”。

通过如上方式，感觉统合成为人类所有感受、情绪、思想和行为的基础。作为孩子理解世界的方式，在教育和儿科医生的文献里，感觉系统都应该占据一个显赫的位置。理解大脑如何利用身体传送来的数据，对于我在养育以及心理学实践中产生了深远的影响。关于感觉系统和大脑的解释，还有很多比我在这里分享的复杂得多的内容，如果你感兴趣，我也鼓励你去探索。我在本书中呈现的是一个高度简化的版本，加入了一些找我做咨询的家庭的例子，但愿能够帮助你理解孩子的感觉系统是如何影响他们的行为和感觉的，以及感觉系统又是如何指引父母做出养育决策的。

反应过度，反应不足，还是渴望

首先，我们必须了解，不是所有人都用同样的方法处理感觉信息的。一些孩子反应过度，对感觉的体验比大多数人强烈得多；而另一些孩子则反应不足，他们的感觉比大多数人来得寡淡。有的人有感觉渴望，他们似乎永远无法满足，总是反复追寻这种感觉。还有一些孩子能容忍各种各样的体验。在我们对世界的感官体验中，存在差异是正常的。

你的孩子属于这些分类中的某一个类型吗？你可以试试第 5 章提到的“So”停下观察法，帮助你评估孩子的感觉统合类型。在一到两个星期内，停下来，观察一下你的孩子对于不同感官体验的反应。

我们都听说过五感，但是事实上总共有 8 个感觉系统会影响一个人内化世界的方式，指引我们的行为、情绪、记忆和人际关系。接下来我将介绍每一个系统来帮助父母理解孩子的感觉是如何影响孩子的行为的，以及如何利用每个感觉系统来帮助孩子或你自己重新恢复平静。

整合 8 大感觉系统

我们的身体一刻不停地参与着丰富的多重感官体验，处在声音、气味、画面、味道和所有感觉刺激之中，与此同时，我们的大脑也一刻不停地吸收每一条信息，和过往的经历做比较并进行整合。换句话说，所有的感觉系统都在相互影响，这也是爱丽丝把它称为感觉统合的原因。这是一个帮助我们理解世界并维持身体稳定的极其复杂的系统。

我从导师塞雷娜·维德尔博士那里学习了多重感觉信息处理的相关知识。从 20 世纪 70 年代开始，她和格林斯潘进行合作研究，将孩子的情绪和行为与他们复杂的感官体验联系在一起。我认识到，自从我学到多重感觉信息处理是如何影响孩子发育的，我便走上了一条全新的支持孩子及其家庭的道路。

父母经常因为一些常见的情形来找我，比如幼儿园老师认为他们 3 岁的儿子行为太具有攻击性，孩子因此被退学。我发现这些幼儿出现了多个感觉系统的高反应性，导致他们出现了红色通路中类似“非战即逃”的行为。当充满关爱的成人在理解了这一点后，给予孩子充足的共同调节，这些孩子最终能够给自己的感受赋予全新的意义，也能够更好地应对困难。

让我们从前几个章节中提到过的、你可能不那么熟悉的内感受开始谈起。这是最重要的一个感觉系统，因为它帮我们理解我们的身体如何产生最基础的感受，影响我们的情绪和行为。

内感受系统

我们体内的传感器会向大脑传输身体内在感受到的信息。内感受指的是那些为我们身体内在状态提供信息的感受。内在传感器处于内脏内部及其周围，自动地向大脑传输信息，帮助身体保持平衡，调节身体预算。当我们注意到自身内在的感受时，这种内感受知觉就会触发我们对于饥饿、口渴、疼痛或忐忑不安的感受做出有意识的反应。

内感受也会影响我们的基本情绪和心情，这也是作为父母需要了解它的原因。研究者和治疗师已经将内感受知觉与情绪及情绪调控联系在一起，他们提出一个突破性的发现：内感受知觉产生了我们最基本的感受、心情，以及那些被我们标记并判定为情绪的东西。作为一名心理学家，我完全认同这个观点。在听说内感受这个术语之前，我就发现对于感受的觉察是帮助孩子理解其情绪和行为的关键。在咨询工作中，我发现对身体感受有更好觉察的孩子，也更擅长自我调节。孩子通过感官认识世界，并从经历所带来的好处与付出的代价中学习自我调节。父母了解这些也能帮助孩子用情绪或其他描述性语言给这些感觉做标记。

停下来观察：

- 对你的孩子来说，辨别感受并给身体内部的感受进行命名，这件事带给他们的舒适程度如何？我们需要等到孩子发展出回答这类问题的能力之后，才能期待他们做到这些。你的孩子能发觉自己肚子饿得咕咕叫吗？你的孩子能够感到自己犯困需要上床休息或午睡吗？你的孩子能感知疼痛，说清楚身体哪里痛、有多痛吗？
- 你的孩子对于内在感觉是否有某种规律性的消极反应？当孩子便秘、口渴、饥饿或有其他来自身体内部的不舒服的感觉时，他会烦躁不安、反应敏感，或产生一些问题行为吗？
- 当你的孩子觉察到自身的感受，这份觉察会帮助孩子冷静下来变得更加理性吗？

如果一个孩子觉察到感受，尤其是令人不悦的那种感受，并能讲述这种不悦，或向你寻求支持，那么他就站在通往自我调节的路上了。想帮助孩子做到这一点吗？你可以在日常生活中通过讲述自己身体的感受以及它们带给你的体验来给孩子示范，比如“我饿了，我要去吃点儿零食”或“我口渴了，我想要喝一大杯好喝的水”。父母也应该让孩子们知道，无论他们感受到什么，都很正常。这些都是线索，可以了解孩子们体内正在发生的一切，以及他们怎么做才能感觉好些。下面是内感受出问题的两个例子。

是时候上厕所了

曾经有一位小来访者，在我们 45 分钟的咨询期间，她总得去两趟甚至更多趟厕所，她时常强烈地感受到这个需求。大概是在同一段时间，我还有另一个来访者正经历着和这个小女孩截然相反的问题。这个来访者是个小男孩，他会憋着一直到快来不及了才去，所以他的母亲不得不监督他，并提醒他及时去厕所。

为什么一个孩子频繁地上厕所，而另一个却完全忘了有这么回事儿呢？每个孩子对同一种感觉，比如尿意，反应是截然不同的。对于一个孩子来说，这是体内一种很不明显的感觉。小男孩的内感受知觉反应不足，所以我们就想办法帮他聆听身体的感觉，多注意身体发出的信号。最终，他能发展出更敏锐的感觉，不再出现尿裤子的意外情况了。

小女孩是内感受知觉反应过度，我帮助她对那些“紧急信号”产生更高的容忍度，这些信号促使她匆忙跑向厕所，即使 10 分钟前她刚去过。她的父母和我，在她的儿科医生以及职业治疗师的指导之下，通过游戏来帮她探索和示范不同过家家人物角色的感受，像是困倦、饥饿、口渴，或便意。我们一起看书、写故事、画出代表体内感觉的图画。

我鼓励这两个家庭的父母帮助孩子去探索和讲述身体的感受。我还告诉他们，这个方法不仅能够帮助孩子们解决上厕所的问题，也能够帮助他们更加舒适地讲述与辨别基本的感受和情绪，这是一个很棒的额外收获。

莫名的腹痛

我还有一个来访者是 12 岁的基拉。儿科医生诊断她有担忧、焦虑的症状，于是把她送到我这里。基拉的父母告诉我，自从基拉学走路开始，她就会时不时地腹痛，但两位胃肠道专家经过诊断都没有发现任何病理上的异常。

基拉安静、害羞、很听话，是那种时常因为内向的性格被误认为很正常的孩子。但是那并不是故事的全部，她的内心一点也不平静。基拉对于自己的肠道有着十分强烈的内感受知觉。她要求父母带着她不停地去看医生，但始终找不到任何异常。这样的经历让她感到无比挫败。而我能做的，则是帮基拉用一种全新的方式来聆听身体里的感受。

为了验证来自内心的每一种感觉都是价值连城的信息，我帮助基拉发展出比“很疼”或“不疼”更丰富的词汇库。她敏感的身体对许多其他感觉也有着反应过度的情况，比如对声音、充足的阳光和明亮的灯光。我帮助她尽量更友好地接纳自身内感受知觉唤起的各种感觉。我们练习对这些感觉抱有好奇心，而不是对于这些信号的意义心存恐惧，不管是需要吃东西或者喝水，还是以特定的方式动动身体，或在父母那里寻求安慰和联结。还记得情绪粒度这个概念，以及那个很难容忍儿子消极情绪的父亲吗？基拉也难以把她体内基本的感受和词语联系起来。在我们共同的努力下，基拉发展出更丰富的用来描述自身经历的词库，也开始关注并使用更多描述情绪的词汇来述说她内在的知觉和感受，比如平静、心烦意乱、开心、好玩、害怕、紧张、兴奋等。基拉需要支持以便更好地理解并且厘清那些来自体内深处的强烈信号，而在几个月的时间里，她感到腹痛的次数变少了。

下面我们将研究其他感觉系统。这些感觉系统通过更为常见的感官向大脑发送反馈信号。同时，我也会讲述一些故事，让你们了解感觉是如何导致父母对孩子们的行为产生担忧的。

听觉系统

我们不停地被声音环绕着，不仅有前景的声音，像是一个人在近处说话的声音；也有背景的声音，像是车流声和繁忙的超市中的音乐声。当内耳里的传感器把信息传给大脑，它们就和其他形式的感官信息整合在一起，帮助我们理解所听到的各种声音。

每个人对声音的体验各不相同。在通常情况下，成人能够控制所听到的声音的方方面面，像是汽车里播放音乐音量的大小，甚至是我们喜爱听的音乐类型。由于孩子们很少有机会进行这种控制，所以他们对声音的反应就会在其行为中表现出来。

孩子们可能根本没有意识到他们对声音反应过度，父母则需要观察与这种处理声音的困难相联系的行为，比如一间嘈杂的餐厅可能会引发一场哭闹，空调运转发出的嗡嗡声可能会分散孩子的注意力。反过来，一个对声音反应不足的孩子，可能看起来注意力不集中，在家或者学校会忽略指令，除非声音源的音量足够大并且就在他的正前方。

停下来观察：

- 留意孩子对不同声音的反应模式。你的孩子对洗衣机、风扇、揉纸或撕纸、吸尘器或警笛这类日常声音有什么反应？观察不同声音的音量和音调的变化。你的孩子在有背景声音和前景声音的地方，如购物中心或体育馆这样的地方，表现如何？你的孩子是否有其更偏爱的某种类型的音乐？

- 当孩子经历某种特定的声音时，你是否注意到他会出现消极行为或问题行为的规律？哪些声音时常让你的孩子烦躁甚至生气？如果类似的声音经历似乎发生在一系列的红色或者蓝色通路行为之前，那可能意味着这类声音会触发孩子的安全探测系统，而你所观察到的是孩子的自我保护反应。
- 什么样的声音能让你的孩子平静下来，或给你们的关系带来开心而又愉悦的互动？和婴儿交流时，我们自发地使用轻柔悠扬的语调对很多人来说都有天然的抚慰效果。试着使用它，看看你的孩子能不能平静下来。即使你的孩子不再是个婴儿，你仍然能通过变换语调来让你的声音充满安全的信息。如果你能关怀你自己的神经平台，去看看你自己是否感觉足够平静，不带评判地见证孩子的不安并与其进行共同调节，那就更好了。

留意孩子对不同语调做出的情绪反应。把你的观察记在笔记本上，能够帮助你判断哪些语调和音质最能够帮助孩子感到安全，促进共同调节和建立联结。声音可以让孩子平静，也可以使孩子痛苦。声音的特质有助于我们判断是否可以在身体和情感上拉近与孩子的距离。这就是为什么孩子在听懂父母的话之前，会先感受到父母的语气。他们天生对声音中的情绪十分敏感，所以注意你的语调是如何影响孩子的，这一点十分重要。

仅仅是听到所爱的父母的声音，就能让一个孩子感到安全。当我最小的女儿满 3 岁的时候，她的姐姐搬进了单独的房间。出生以来，她们姐俩就一直共用一个卧室，因此小女儿对自己独睡既兴奋又担忧。为了安慰她，在睡前，我们会敞开卧室门互相道晚安。我们的声音让一家人都感到更安全，更有联结感，也让我们更加平静。

还有一些我们通常根本不会想到的声音，比如空调或者暖气的嗡鸣声、购物中心电梯和自动扶梯发出的机械声、餐厅里的背景音乐，它们都向神经系统发送信息，进而触发行为。即便父母并未注意到这些声音，它们仍然能够破坏一个对声音尤其敏感的孩子的神经平台。

声音粗犷的爷爷

一对夫妇告诉我，他们孩子的爷爷感到很伤心，因为 8 个月大的孙子不断地拒绝他。每当爷爷去看望他，抱着他或说话的时候，这个孩子就会又哭又闹，烦躁不安。这个可怜的男人开始觉得孩子在针对他。

我与这家人进行了交谈，他们分享了一段爷爷来访的视频短片。我建议夫妇俩记录孩子对不同类型声音的反应。通过观察，我发现这个小婴儿对低频率的声音比较敏感。于是，我建议爷爷说话的时候，可以试着调整一下自己的音调，也许可以增加一点歌声，在孩子周围用更轻柔的声音说话。在爷爷做出改变后的几天之内，当他去看望孩子的时候，孩子就不再哭闹了。这个婴儿的系统现在已经将爷爷的声音预测和诠释成安全而非威胁的信号。没过多久，他在爷爷身边就能保持舒适感，即便当爷爷切换成自己自然的声音之后也是如此。

视觉系统

视锥细胞和视杆细胞作为眼睛中的传感器，从视网膜向大脑的视觉处理中心传递信息。每个人都用自己独特的方式来处理视觉线索。比如，你和你的孩子对阳光有什么反应？对荧光灯又有什么反应呢？当东西的摆放位置不正确时，你会感到困扰吗？如果墙上的画框看起来好像有几厘米没有对齐，你会调整它吗？如果你的回答是肯定的，那么你的神经系统很可能喜欢这种视觉组织带来的可预测性。

同样地，如果环境中的东西被重新摆放，有些孩子也会感到不安。我认识的一个 9 个月大的孩子，能看出她的卧室里多了什么或少了什么。她会不自觉地扫视房间，盯着出现的新东西，仿佛想要看个究竟，然后爬到新的物品旁边摸摸它。她的视觉系统十分活跃，而她的哥哥却似乎对这样的变动视而不见。他们只是对视觉世界以及视觉和其他感官的结合有不同的理解方式。

停下来观察：

- 当孩子看到你开心或者紧张的表情时，有什么反应？你的孩子喜欢明亮的灯光还是柔和的灯光？还是他压根注意不到这些细节？他喜欢看移动的还是静止的物体？当孩子看到某些事物时常会出现消极行为或者问题行为吗？你有观察到任何具体的视觉触发因素吗？
- 哪种景象会让你的孩子平静下来，并给你们的关系带来愉悦的互动？你的孩子特别喜欢和你一起看哪本绘本？坐在你的腿上，听着你的语调，看着书里的图画，孩子很可能体会到最美好的完整的感官体验。我们所看到的，也能为我们的身体带来舒适和稳定。有一个曾经找我咨询的孩子，带着父母的照片去幼儿园，在她想念父母的时候，便拿出来看看。这是一种视觉提醒，让她想着挚爱的家人，也是帮助她调节自身情绪的视觉辅助工具。

- 当你的身体或者表情紧张时，留意孩子如何回应你。我们时常把自己的神经平台“戴”在脸上，通过面部表情传递我们的情绪。这也是另一个我们需要关怀自己、满足自己需求的原因。如此，你才能通过充满共情力的面部表情来安抚孩子，你和孩子都会从中受益。

我不要绿色！

6 岁的杰拉德曾找我咨询，他拒绝吃一切绿色的食物。杰拉德 2 岁的时候，第一次尝到西兰花就忍不住作呕，之后他开始拒绝吃豌豆、青豆以及其他一切绿色的东西。杰拉德的母亲担心他可能从此再也不吃绿色蔬菜。这对杰拉德全家来说是一个不小的问题，因为他们全家都吃素！

我理解杰拉德父母担心他会营养不良，但是他们的策略却并没有奏效。他们告诉杰拉德：“你看，蔬菜对你的身体好，所以你得学着吃他们，不要再这样了。”我提醒他们，神经系统需要在关怀之下，才能茁壮成长，所以他们换了另一个策略：寻找能够帮助儿子把绿色食物与积极感受联系起来的方法。我也解释道，食物的色香味能立刻触发身体的反应，会降低孩子尝试某一大类食物的意愿。

我们没有把注意力放在说服杰拉德去吃绿色食物上，而是设计了一个让父母和孩子一起愉快地探索食物的方法。从用手摸、用鼻子闻很多不同食物开始，我们逐渐加入绿色食物，接着让杰拉德假装给他的超级英雄玩偶喂绿色食物。杰拉德渐渐不再回避绿色食物了，他能将它们与安全和联结感联系在一起。当杰拉德形成了新的积极的记忆，他便愿意把绿色食物，当然也包含其他颜色的食物加入他的食谱中。

触觉系统

触觉系统是我们最大的感觉系统，覆盖全身，从传感器向大脑传送信息。每个人自身的触觉偏好会在对衣服、布料、床单和毛巾的选择中体现出来。有些人能接受和享受很多不同的质地，也有可能他们没有觉察出不同质地的区别，而另一些人则会对某种触感反应过度或者反应不足。

停下来观察：

- 你的孩子喜欢洗头或者梳头吗？他在触摸黏土、泥土、地板或软塌塌的食物等不同质地的东西时，有什么反应？他喜欢画手指画吗？他是否喜欢反复穿同样的衣服？可能这是因为那些衣服穿起来更舒服，没有讨厌的标签，或用某种特别的布料做的。某些触觉体验能让一些孩子感到不舒服甚至焦虑。
- 你是否留意到当孩子触摸某些物质、布料或者食物的时候，会出现一系列有规律的消极行为或问题行为？把这些激发孩子强烈消极反应的物品或质地记录下来。
- 哪种触摸能让你的孩子平静下来，并给你们的关系带来愉悦的互动？她喜欢紧紧地拥抱还是轻柔地依偎？她喜欢被按摩肩、背或胳膊吗？哪种触觉体验能够帮助你的孩子平静下来或者让你与她产生联结？很多学步期的幼儿都喜欢抱着或者抚摸柔软的毯子、布料或毛绒玩具，这能给他们带来安慰。这些孩子通过触觉进行自我调节、自我安抚。下次当你的孩子生气时，考虑用孩子喜欢的方式轻柔地摸摸她。

被拒绝的母亲

曾经找我咨询的一家，只要母亲不经意地抚摸儿子的胳膊或者脸庞，他就会立刻把母亲推开。这个孩子好像在回避和母亲发生亲密的肢体接触，这让母亲时而感到受伤和困惑。

我安慰这位母亲，她的儿子并不是在拒绝她，而是在适应自身对于触觉的高敏感反应。对孩子的皮肤来说，某些抚摸就是会让他感到十分不适，而他在对自己的感觉偏好做出反应。我们对不同的触觉都有自身独特的偏好。在孩子允许的前提下，这位母亲抓住机会尝试了各种不同的触摸方式，包括紧紧地拥抱，当孩子背对着她，而不是面对她的时候，轻轻地环抱他，搓搓孩子的肩膀，而不是轻轻地抚摸。通过接纳孩子的喜好，这位母亲与儿子的联结感越来越强，她也不再因为孩子的触觉喜好而感到被拒绝。

味觉系统

我们的味觉传感器大多位于舌头上，帮助大脑体验味道。想着你最喜欢的食物，你会想到什么？我们的味觉，就像其他所有的感觉一样，都是十分个人化的，并与过去的感官体验中的情绪记忆息息相关。随着时间的流逝，食物开始有了个人化的含义。我们把一些食物与舒适和愉悦感联系起来，比如，对我来说，这类食物就是母亲做的米布丁；而把另一些食物与消极反应联系起来，比如一些曾让你生病的食物。味觉也和我们的嗅觉系统紧密结合。

停下来观察：

- 你发现孩子对食物有什么偏好吗？他喜欢吃咸的、甜的、辣的还是清淡的食物？他有哪些特别爱吃的食物吗？味觉常和视觉和嗅觉共同起作用，所以，你可能会观察到孩子仅仅是看见或闻到某些东西就会有很大的反应。
- 你的孩子对某些食物是否会有规律地出现消极反应？在你家，吃饭是不是总伴随着争吵？如果有的话，请把孩子不爱吃的食物列一个清单，记录食物的质地如何？孩子吃某种质地的食物，像是顺滑的布丁或脆脆的薯片时，会不会呕吐或者无法下咽？
- 你的孩子享受哪种用餐体验？你和孩子一起吃饭的时候，有没有愉悦的互动？你能够每天至少有一次享受和孩子共同用餐的时间吗？虽然有时候让孩子吃东西会感觉像是一项任务，但是吃饭也是理想的沟通良机。如果孩子对某种新食物有消极的反应，记得先认可。保持冷静和鼓励的态度，甚至是游戏的心态，能促进共同调节，以便让孩子进入绿色通路。在那里，他更有可能尝试新口味和新质地的食物。

父亲的食谱

一位同事告诉我，他的两个孩子对食物有着截然不同的偏好，以至于他时常觉得自己是个只做快手菜的厨师。他的女儿爱吃辛辣的食物，而他的儿子却喜欢口味寡淡、软而不脆的菜肴。满足儿子需求的同时，这位父亲忍不住怀疑自己会不会宠坏孩子，甚至鼓励他挑食。

我非常欣赏这位父亲的觉察力。当我在他们家与他们共进晚餐之后，我告诉他，他所见到的是孩子关于味觉的一种生理性偏好，与挑剔或者顽固并不必然相关。只要给予耐心和共同调节，他就可以逐渐帮助儿子拓宽对食物的选择。这位父亲放慢了节奏，在儿子愿意的时候让他尝试新食物。他为儿子提供的支持和认可，帮儿子提高了对尝试新食物这件事的容忍度。

这位父亲提供了几种不同的选择，并鼓励儿子试试最吸引他的那些食物。他不再说"我费了好大功夫才给你做了这道菜"，而是温柔地认可儿子的犹豫，并对他说："嘿，小伙子，这是一道新菜。如果你想尝尝，就告诉我，要是你不想尝，也没关系。"解决问题的方案并不一定是要给他的孩子做不同的菜肴，而是在面对孩子的反应时，使用更多的共同调节，帮助孩子和一些食物建立新的联系。有意思的是，当父亲变得更有耐心后，儿子愿意尝试的食物也变多了。虽然他的儿子始终不爱吃辛辣食物，但他已经开始尝试新的菜肴了。最终，这位父亲不再需要为不同的孩子单独做饭了。

嗅觉系统

我们鼻腔里的化学物质传感器会向大脑传递重要的信息，这些信息被我们称为气味。我们的嗅觉会探测出警报，告诉我们某个东西能吃还是不能吃。你从冰箱里拿出你想吃的食物，但是担心它已经过期，你会做的第一件事是什么？放到鼻子下闻一闻。气味和其他感觉一样，都和记忆紧密相关。我在晚上出门散步时，从邻居家敞开的窗户里飘出来的炒洋葱味会立刻把我拉回童年，因为那时候我的奶奶每周末都会给我们做一次炖菜。

停下来观察：

- 你的孩子对不同的气味或者芳香有什么反应？他会注意到或者抱怨某种气味吗？闻到某种气味之后，他会习惯性干呕吗？如果有，这可能是对气味过度反应的迹象。又或许他并不像你或他人一样留意气味。孩子像所有人一样，能对一些气味，像是肥皂、洗发水、食物或者空气清新剂立刻产生积极或者消极的反应。
- 你的孩子是否有规律地对某种气味出现消极反应？孩子的反应强烈吗？比如拒绝吃某种食物，或不愿意去有某种气味的地方，比如餐厅或购物中心卖香水的区域？
- 哪种气味会让你的孩子平静下来，或给他带来愉悦和快感？孩子特别喜欢某种气味吗？他会追寻某种气味吗？下次孩子对气味做出反应时，试着和孩子一起留意它。让孩子试着描述这种气味的特点，和你多聊一聊它，比如这种气味是令人愉悦的，还是不舒适的；是好闻的，还是不好闻的。这对孩子来说，是发展对气味觉察的机会，是朝着留意自身情绪所迈出的一步。

总是想吐的弟弟

我认识的一个家庭，每年夏天都会开车去加利福尼亚州度假。

在路上，当他们开过气息独特而又浓郁的乳制品农场时，三兄弟中的一个总会干呕。因此，他的兄弟们都会无情地嘲讽他过于敏感的嗅觉。

这个孩子只不过是对气味反应过度，他的嗅觉系统立刻触发了身体的警报以及他的呕吐反射，并伴随着不太舒适的内感受知觉，而他的兄弟们却没有。我建议父母给孩子们普及关于感官反应的知识，告诉他们不同人的敏感程度并不是个个人选择。这对我们所有人来说都是十分有价值的一课，因为我们很容易把他人的感觉偏好视为其性格或个性上的不足，而事实上，是这些偏好影响着我们的情绪和行为。

本体觉系统

大多数人对本体觉系统都不太熟悉。这是一个令人惊奇的系统，能把我们有关身体位置的信息报告给大脑。根据爱丽丝的说法，本体觉系统是通过向大脑发送“肌肉或关节收缩或拉伸的时间和方式”等信息来实现目的的。换句话说，本体觉系统告诉我们身体各个部位的位置：站着还是坐着，弯曲还是伸展。想一想上一次你撞到桌边或者其他硬物表面的情况，这是因为本体觉系统对身体所在的空间位置估计错误。

本体觉是我们行动和感知自我动作的重要助力。凭借它，我们可以轻松地扣上衬衫的扣子，无须视觉辅助，大脑便能通过手部肌肉和关节的微妙反馈，精准感知到扣子与手指的距离。然而，对于本体觉不够敏锐的孩子来说，握笔写字也可能成为一项挑战，因为他们难以接收到关于握笔力度和位置的清晰反馈。更严重的孩子，在与同伴玩耍时，他们可能因感知不足而过于靠近他人，或用力过猛地推搡。尽管了解身体与他人或物体的相对位置至关重要，但在日常中，我们往往只有在遇到问题时才会意识到本体觉的重要性。

我在大学一年级的时候，感染过一种很厉害的病毒，引起了内耳炎症，导致我暂时丧失了空间感和平衡感。那种无法判断自己是站是坐的迷茫，让我备感异样。我感觉整个世界天旋地转，极度恶心，完全睁不开眼睛。我没办法吃东西，需要有人扶着才能起身去不同的地方，因为我没有办法感受到自己身体的位置，甚至无法感受到重力的存在。唯一的治疗方法是接受镇静剂治疗，我熬过那一周，炎症消了下去。我最终康复，只留下了很轻微的后遗症。然而这段“迷失方向”的经历，让我对那些空间感和平衡感不好的孩子产生了深深的同情。

停下来观察：

- 你的孩子能否按照其年龄和发展水平，自如地运动和探索？对于年幼的孩子，运动能力正在逐渐增长。然而，若你家稍大的孩子在系鞋带、扣扣子时仍需紧盯双手，这可能表明其本体觉尚未成熟。
- 孩子是否对团体运动或其他需要身体协调的活动表现出不适应？是否常常撞到他人或家具，或力度控制不当？有时，孩子会紧贴着你或依赖他人的身体来寻求安全感，这或许是他们在寻找额外的肌肉和关节反馈。但也要留意，孩子是否只是享受亲密的肢体接触。对于本体觉仍在发展的孩子，可能会因为在互动中把握不好轻重引发社交误解。他们本意友好，却因为过度的拥抱或拍打被误解为用力过猛或有攻击性。为了帮助孩子整合本体觉，可以多参与各种身体活动，如游乐场玩耍、卷毛毯游戏和“触摸”强度分级游戏。

- 哪种活动能让孩子既感到愉悦又加强空间感知呢？他们喜欢攀爬吗？能否在攀爬时与你或同伴互动？孩子在某些活动中可能需要你的陪伴和支持。试试用毯子包裹孩子，或与他们玩“人肉三明治”游戏，看看哪种方式更能让他们放松和愉悦。玩得越开心，效果越好！

频繁摔倒的儿子

我遇到过一对父母，他们的儿子在第一次踢足球之后，开始出现哭闹崩溃的行为。小男孩的母亲在大学时是足球运动员，怀着满腔热忱担任了儿子足球队的教练，期待着和孩子分享足球的魅力。然而她也担心，儿子可能会因此有必须好好表现的压力，而且她怀疑这可能也是导致孩子行为反常的原因。她还注意到，儿子在奔跑时总是低头看脚，频繁摔倒，不能跟球建立良好的关系。

当父母的一大享受就是和孩子一起体验自己所热爱的活动。然而现实往往不尽如人意。为了解开儿子踢球时频频低头的谜团，这位母亲向一位儿科专业治疗师求助。治疗师发现，孩子对躯干和双腿的感受反应不足。他的本体觉系统还不能顺畅地和其他感觉系统整合，需要依赖视觉弥补这种不足，在足球这种快速移动的运动中，这种方法并不奏效，导致他屡屡摔倒。这让他感到尴尬和烦躁，进一步导致了他情绪崩溃。足球对他而言，是压力而非乐趣。经过专业的治疗，这位母亲学会了如何帮助男孩提高对身体的感知能力。最终，这个孩子爱上足球，而足球也成为他整合身体感觉与其他感官的桥梁。这位母亲仍然担任球队的教练，并不断地给他提供情感支持，足球也成了他们全家人共享的欢乐时光。

平衡与前庭系统

我们通过身体感知自己，前庭系统与其他感觉系统共同强化我们的自我意识，理解生活在这个身体里是一种什么体验。前庭系统是我们能“脚踏实地”的基石，它依赖内耳中的传感器，向大脑传递头部及全身在重力与运动中的位置信息，确保我们保持平衡。不论你是运动还是静止，不论速度多快，无论相对于重力的位置如何，这个系统总能精准地告知你身体在空间中的确切位置。如果你曾晕车、晕船、晕飞机，这是因为你的前庭系统获取到信息，让你感到不舒服或者眩晕。我们很容易低估这个系统对自我调节的重要性。比如，很多幼儿很难忍受坐在汽车安全座椅里进行长途旅行。当孩子坐在安全座椅里时，很多不同的感觉都会随之而来：绑在胸口的安全带带来的触觉和本体觉、汽车行驶的声音、车内车外不同的视觉转换，以及所有这些变动都会给孩子前庭系统带来强大的冲击。

当孩子们在蹦床上跳跃时，孩子的前庭系统会获取很多信息，不仅是视觉上的，还有本体觉上的信息输入。跳跃是一项极好的运动，有助于锻炼前庭系统，而在有弹性的表面落地，给肌肉和关节提供了压力，这些都和本体觉系统紧密相连。注意，为了孩子的安全，请选择旁边有护栏的蹦床，以防孩子不慎跌落。

停下来观察：

- 你的孩子是否对特定运动有特定的反应？是否对荡秋千等运动情有独钟或避之不及？有的孩子可能排斥攀爬、跳跃，甚至对秋千、滑梯等游乐设施感到恐惧。有的孩子乘坐电梯时会感到不适，甚至拒绝使用电梯。有的孩子则容易晕车。有时，仅仅是在洗头时仰头冲水，也会让他们感到极度不安。这些表现往往与前庭系统的挑战息息相关。
- 那么，哪种运动能让你的孩子感到宁静，享受亲子间的互动？你的孩子是否活泼好动，喜欢跳舞、荡秋千，或喜欢与你一同活动身体？又或者你的孩子更偏好安静，与你互动时不太愿意过多活动。了解孩子对运动的感受后，你可以运用这些信息，寻找与孩子建立联结、玩乐以及共同调节的方式。

游乐场上的挣扎

一位母亲告诉我，当她 5 岁的孩子和其他孩子在游乐场上游戏的时候，她经常没办法把他从秋千或轮胎、铲斗上弄下来。他只要一上去就停不下来，即便是其他孩子都在排队等他。

这个孩子特别喜欢身体在空中荡来荡去的感觉。问题是，他总是荡不够，所以轮到其他小朋友的时候，他的母亲和老师就得应付他崩溃的情绪。他知道“需要和他人分享”这个社交规则，但是他的身体却感到一种对荡秋千的强烈渴望。我观察到，这个男孩正经历着某种前庭系统中的感觉渴望。我建议他和母亲一起去试一试包含有配套游戏项目的专业治疗，这能够帮助孩子的前庭系统更好地与其他感觉系统，诸如视觉和本体觉，进行整合。治疗师建议了一些有趣的活动，如在院子里拉一拖车的圆木，让他的父母在购物的时候允许他推购物车，请他的父母和他一起在各种不同的游乐设施上游戏。一些有感觉渴望的孩子，能从专业治疗中获益，因为专业治疗师接受过相关培训，经过一系列试错和调整，可以帮助孩子将前庭系统和其他感觉系统整合起来。几个月的专业治疗之后，当有人要求这个男孩从秋千上下来的时候，他已经不再拒绝，而是能和其他小朋友一起享受更多不同的游乐设施和运动体验，他觉得自己的身体也更加平静了。不愿意分享秋千这个最初看起来的行为问题，其实是一个潜在的感统失调问题。

BRAIN-BODY PARENTING
脑身联结要点

尊重身体信号

通过帮助孩子全方位地辨别自己的所有感受，并且不评判这些感受，我们就能为孩子提供一个良好的开端，帮助他们与自身的感受、情绪和平共处。孩子的身体是一份良好的养育指南，而父母一般很少注意它，甚至有时候父母出于一片好心，还会暗示孩子们不应该听从自己身体的信号。“你不可能这么饿，因为你刚才吃了零食啊！”我们还有可能说：“这就是一个小小的擦伤，应该没有这么疼。”在这种情形下，父母可能会觉得自己是在支持孩子，但是让孩子忽略身体的感受，实际上是忽略了孩子最应该关注的那个信号，一个可以帮助孩子进行自我调节的信号。

当父母尝试着说服孩子一切都很好而实际情况并非如此时，就否定了孩子所经历的现实以及他们身体发出的重要信号。尤其是当孩子的安全探测系统以某种方式探测到威胁的时候，即使孩子在客观上是安全的，比如当她开始洗头发的时候，就会大发雷霆，此时我们也不要压制孩子的不安，而应该和他们共同调节情绪，尊重他们的身体反应。这样，我们就能以身作则，教会他们如何尊重自己身体的感觉，而身体的感觉也是我们感受的基础。

大多数孩子可以毫不费力地通过他们的感官来处理信息，但是当问题行为或者其他挑战在儿童早期出现并很难被轻易理解的时候，父母应该问一问，感觉统合的差异是不是其中一个因素。如果你的孩子极度敏感，或者对某种感官刺激反应过度或反应不足，喜欢回避某种感官体验，或一再地渴求某种感官体验并在求而不得的时候出现异常行为，那么，寻求专业人士的帮助是十分有必要的。一个受过感觉统合培训的专业治疗师或者发展治疗师可以评估你孩子的情况，并判断干预措施是否能奏效。

对身体信号的觉察是培养韧性的黄金机会

神经科学家近期揭示，身体感知与情绪调节之间存在紧密的关联，这对我们脑身治疗师而言，无疑是振奋人心的发现，却也并不意外。多年来，我深知引导孩子关注身体的信号与感受，有助于他们培养自我调节的能力。我们借助温柔而客观的观察，协助孩子发展情绪处理能力。当我们接纳并尊重孩子对世界的真实感受，而非用“他太敏感了”这种主观评价时，我们将充满好奇与尊重地对待孩子的每一次感觉体验。

我们往往忽视了孩子通过感觉来感知世界和他人的重要性。内感受对孩子的社交和情绪健康至关重要。比如，当孩子对熟人或家人表现出真实的消极感受时，我们可能会感到尴尬和难堪，甚至要求他们以“礼貌”的方式回应，如“对弗莱德叔叔好一些”。但这样的做法并不可取。我们不应忽视孩子的内心信号，而应提供适当的共同调节，尊重他们的自然反应。

若我们忽视这一点，孩子可能学会隐藏真实感受以取悦父母，即便内心波涛汹涌，表面也会强装镇定。而当我们与孩子共同调节时，实则是在培养他们的韧性，促进自我维护，鼓励他们相信自己的直觉，而非为了取悦他人而忽略内心声音。对于女孩子来说，这一点尤为重要，因为她们从小就在社会化过程中，学着去顺应他人的需求。

因此，我们就能理解大多数孩子不是故意反应强烈或挑剔十足，这背后的原因远比我们想象的复杂。当父母帮助孩子用一种新的方式学会容忍、处理和标记感觉时，就在利用共同调节和参与感来创造新的记忆，改写那些旧有的令人难堪的记忆。一般来说，我们需要更多的积极经验来覆盖消极记忆，假以时日，我们可以不断进步。正是通过充满爱和同理心的亲子关系，孩子们才能学会应对不同的或积极或消极的感觉与情绪。

一个能觉察并识别自己身体变化的孩子，已经踏上了拥有坚韧心智以及终身身心健康的旅程。我们应该强调关注身体的重要性，引导他们优化自己的身心健康。

拒绝去迪士尼乐园的孩子

我女儿拒绝去迪士尼乐园之后发生了什么呢？我们决定取消行程。虽然我和先生特别期待这次旅行，但无奈女儿并不接受这份礼物。于是，我们去了邻居家的游泳池玩水，她十分开心。

多年以后，我才明白女儿为什么不想去迪士尼乐园。当我学习了更多关于感觉统合的知识后，才意识到像迪士尼乐园这种将视觉、听觉、嗅觉和其他多种感觉输入混杂在一起的地方，对女儿来说多么难以忍受。她在处理多种感觉信息方面存在困难。换句话说，她的多种感觉系统同时出现了反应过度的情况。

当孩子觉得世界无法预测时，他们要么变得更加死板，要么表现出极强的控制欲，试图应对他们所处的环境。当孩子们无法预测自己在不同环境中的感受时，生活可能会变得混乱，死板是为了适应这种混乱。女儿拒绝去游乐园是她的神经系统做出的绝妙适应。她的大脑和身体需要时间和经验来学习如何把感觉整合起来，并将其视为安全而非充满威胁的体验。

了解到这一点之后，我和先生都对女儿有了更深的关怀和同理心，并确保她明白我们尊重她的偏好和选择。我们没有鼓励她忽视自己的身体信号，或表现出因为她没有“随大流”而给我们带来的挫败感。与此相反，我们在女儿识别出自己的身体信号后表达了关心和兴趣。事实上，每当父母以同理心意识到孩子的身体出现困难并提供情感上的支持和接纳时，就帮助孩子增强了他能够容忍不同感觉的能力。保持良好的人际关系提高了我们应对消极体验的能力。当父母理解了身体如何影响大脑时，就能够帮助孩子与他们的情绪建立一种全新的关系。

这个故事还有个尾声：多年以后，当女儿上中学的时候，她问我们能不能和两个朋友去迪士尼乐园庆生。我还存着一张她和朋友那次旅行的照片：他们三人在游乐园最陡的过山车上，我的女儿欢呼着张开双臂，她最好的朋友却紧闭双眼，把头缩在肩膀里。每当我看到这张照片时，就会忍不住微笑。我意识到女儿花了多大的努力才能应对那些感觉上的挑战，而她的身体和大脑又是如何在我们的情感支持下，按照她自己的节奏，做到了这一切。

培养韧性的建议

理解孩子的个体差异非常重要，包括他们通过感觉系统从外界内化信息的独特方式。不要认为孩子体验世界的方式和你的一样，从孩子的角度，用好奇之心，感知这个世界。这份理解是帮助孩子发展情商的重要手段。

第三部分

不同年龄段孩子的养育策略

BRAIN-BODY
PARENTING

BRAIN-BODY
PARENTING

第 7 章

猜不透的新生儿：顺应需求，建立安全感

游戏，最好的脑身运动

每次父母看着自己的宝贝说:“哦，你可真美好啊!”这个孩子就会被幸福的感觉包围。

——T. 贝里 · 布雷泽尔顿（T.Berry Brazelton）

新手父母有太多关于自己宝贝的问题了，比如怎么才能让他整夜睡觉？让她一直哭，真的可以吗？小婴儿可以看电视吗？随时把孩子“背”在身上真的很重要吗？孩子需要学手语吗？一哭就抱会不会把婴儿惯坏？

克丽和本的儿科医生把他俩介绍给我，是因为这位医生知道我刚做母亲的时候，也深深体会过睡眠不足和养育带来的压力。克丽和本向我询问了很多类似上述的问题。那时，他俩的女儿塞尔温只有三个月大。第一次咨询时，这对疲惫的父母回忆起当初一帆风顺的孕期和足月生产的经历。他们讲述了自己成为父母的奇妙体验，以及当祖父母第一次见到塞尔温时那种溢于言表的兴奋之情。这一切都表明，这个小生命的到来给整个家庭带来了奇幻的魔力。

然而，这对夫妻并没有享受到养育子女的乐趣，而是一直苦苦支撑。

塞尔温 8 周大的时候，被护理得很好，体重也在正常增加。但她在白天却动不动会哭很久，而克丽和本完全不知道应该怎么做才能安抚她。喂奶、换尿布、带她出门散步、轻柔地摇晃她，这一切都毫无用处。晚上也没有好到哪里去。塞尔温每晚会醒来三四次，这让夫妻俩早上醒来时依然睡眼惺忪。

随着咨询的深入，克丽和本透露了他们的另一个担忧。儿科医生曾告知他们有关婴儿猝死综合征的危险，并列出了一些预防措施：确保婴儿穿着合适的衣服面朝上躺着睡觉，睡觉的区域不可以放置床上用品或别的东西。这些善意且必要的警告，对克丽和本而言却成了不停鸣响的警钟，提醒他们"随时都可能有可怕的事情发生在孩子身上"。

孩子白天一阵接一阵地大哭、晚上频繁夜醒和担心失去孩子的恐惧，以及最要命的睡眠不足，这些情况加在一起，让这对夫妻感觉连维持理智都快做不到了。克丽和本尽了自己最大的努力，可是他们进入为人父母这段人生新旅程的过渡期，却布满荆棘。

0 ～ 6 个月，找到共同节奏

我最深刻的记忆是初见三个孩子的那一刻。凝视着她们清澈的双眸，我感到无比熟悉，仿佛她们还在我肚子里生长的时候，我就已经认识了她们一样。然而，在孩子们出生之前，我根本没有意识到成为母亲将给我的生活带来多么大的巨变。

接下来就有了另一个不太愉快的回忆：医院护士让我给早产的老大换尿布，而我根本不会。我忍不住泪流满面，觉得自己真是太没用了。我对怀中这个幼小而又无助的小生命负有责任，而这种责任感让我手足无措。她哭的时候，该怎么知道她想要什么？我之前鲜少接触婴儿，我甚至都不知道该怎么给孩子换尿布。

从医院开车回家前，我给她穿上了专为早产儿设计的衣服。这件衣服小得就像是给我小时候的玩偶穿的一样。我对女儿的爱和我想要保护她的冲动，比我以往体验过的任何感受都要强烈，是一种极度兴奋和恐惧的混合体。

每天，护士都会来我家走访好几次，抽女儿的血去化验并检查她的发育情况。因为女儿的胆红素偏高，她必须睡在灯箱里。医务人员建议我们要确保她戴好眼罩，否则长时间注视强光会让她失明。对于睡眠不足的新手父母来说，这真不是个简单的警告。在女儿出生的前几周里，我和先生像老鹰一样没日没夜地监控着她，生怕她的眼罩没戴好。那真是一段喜忧参半的日子。

因此，我十分能理解克丽和本，就像我能理解所有新手父母一样。没有什么事情能比照顾新生儿更让我们焦虑担心，更能扰乱我们原本的生活节奏的了。人类喜欢可预测性，然而当孩子出生之后，所有的事都变得不可预测。父母的日常安排都围绕着小婴儿的需求转，直到适应了喂养、小憩和夜间睡眠的固定模式。

除了睡眠不足，新手父母还面临着另一个挑战：铺天盖地的关于如何照料婴儿的建议和压力。没有人能教给你一个“正确”的方法，因为你和你的孩子是独一无二的。你需要学习理解孩子发出的信号，选取适合自己孩子的养育策略和决定，而不是契合某个理论的方法。

为人父母会改变我们的身体和大脑，因为当身体充满爱的激素，也就是催产素时，我们会体验到成年以后自身最显著的变化。这点既适用于母亲，也适用于父亲。研究表明，如果父亲主力带孩子，那么积极、主动地去照料小宝宝的经验在激素的作用下也会给他们的大脑带来改变。这点证明了父亲们尽早参与到照顾孩子的事务中，将是非常有价值的。意识到这一点，现在很多医院和月子中心都鼓励父亲和孩子在产后尽快通过肌肤进行接触，尽早搂抱自己的孩子，进而建立亲子关系。父母自然分泌的激素有助于他们与婴儿建立联系。

在这个过程中，我们首要的任务是和孩子找到一个共同的节奏，这需要练习。通过观察宝宝的反应，直觉可以让父母自发地使用不同的语调、面部表情、触摸、拥抱以及互动方式和宝宝一起互动。父母也需要调整自己，和宝宝共同合作，为孩子提供安抚，并帮助他适应这个世界。每个宝宝都有他与父母互动的独特方式。有时候，父母可以很快找到令人愉悦的且对双方来说都可预期的方式。而有时候，找到这种方式却需要花更多的时间，就像是本、克丽还有他们的宝贝塞尔温那样。

幸运的是，相关研究以及我自己的经验都发现：父母充满爱意地关注宝宝，并对他们的需求做出反应，可以给宝宝充足的安全感。如同我在整本书中所说的那样，回应意味着关注孩子的身体。父母首要的任务就是帮助孩子维持其身体预算。为此，父母需要学习读懂孩子发出的信号。

读取宝宝的信号

当宝宝的需求被合理地满足时，他们就能茁壮成长。但是，他们并不能用语言告诉我们自己需要什么，父母需要通过试错来搞清楚这一点。父母的回应是其中的关键。回应型的父母温暖有爱，而且会对宝宝的需求做出响应。他们更倾向于做以下三件事：观察孩子发出的信号，比如打哈欠或揉眼睛；精准地理解这些信号，比如猜测孩子累了，需要休息；做出满足孩子需求的响应，比如带孩子去午睡。

研究人员发现，当父母积极回应宝宝的需求时，宝宝不仅能享受更甜美的睡眠，展现更勇敢的个性，还将在日后形成更为健康的饮食习惯，身体也更能抵抗压力。此外，这些孩子更易于融入集体生活，在成长允许的范围内，能更早地管理自我冲动与行为，展现出更强的合作意愿。为何如此？原因在于，父母通过持续的、充满爱意的、关注孩子需求的互动，建立起深厚的信任关系，促进孩子的健康成长。作为父母，为孩子所做的最佳之事便是充满爱意地观察他的信号，理解它们的意义，并用行动去满足这些需求。即便一开始会弄错，也无须苛责自己，因为我们都需通过不断的尝试与调整来更好地了解并满足孩子的需求。

为何这至关重要？因为通过我们的引导，婴儿能够结合身体的内在感受（内感受）与外部环境的刺激——声音、景象、触感、气味和味道等来构建自我认知。我们的关爱与支持是他们生理发展的关键，使他们的大脑开始建立安全与信任的记忆。为此，我们需要通过创造共同的意义来做到这一点。

创建共同的意义

一个新生儿降生后是没有关于过往的记忆的。宝宝通过自己或和你在一起的所见、所做，以及所经历的一切来理解这个世界，这些也将影响他的大脑如何预测未来。父母是孩子理解自身和世界的最重要的力量。

当我成为母亲后，我尝试应用我所学过的一切知识来陪伴我的宝贝，让她知道我关心她，她并不孤单；我也试图在她哭泣时，努力安慰她。但是我缺少具体的实操方法，帮助我有效地安抚一个很难让自己的身体平静下来的孩子。当我无论做什么都无法安抚那个又哭又闹的孩子时，理论对我来说毫无用处。我永远不会忘记女儿连着哭了三小时的那个夜晚，我感到如此恐惧和无助。

这些年来，我遇到的无数父母都和那天晚上的我一样，发现很难让自己的小宝宝平静下来。我总会提醒这些父母，并不是只有他们会这样。只要我们尝试不同的方法，和孩子一起学习关于他的一切，成长就会发生。问题的关键并不是做到完美，而是帮助小宝宝理解这个世界。因为我们知道，父母所说的和所做的都是在创造记忆，帮助孩子感受到世界是一个安全且值得信赖的地方。

如果你的孩子已经过了婴儿阶段，而你担心自己可能没有给他们提供那些经历，那么请记住，在这本书中，我们不谈羞愧或责备。神经科学的研究也说明了父母没有必要为自己过去没有及时回应孩子而感到懊悔或恐慌，因为我们的大脑和身体一刻不停地把新经验和旧经验做比对，同时更新并改变大脑回路。你可能会因为孩子目前所处的生活环境或自己所面临的困境而感到烦恼；也可能对自己或他人在今天早晨、上周或过去的某个时刻做了什么事情，又或者没做什么事情而感到懊恼，这些都很正常。人际关系是一个充满希望的关系，我们在经验里成长并改变，不断地帮助孩子更新他们对父母以及周围世界的预测。

在孩子出生后的前6个月，满足他们对于营养、安全和稳定感的基本需求尤为重要。宝宝最早的人生经验会给大脑今后的神经联结打下基础。当宝宝饿的时候给他喂奶，或在他们需要的时候给予安抚，能为他们健康的人生打下坚实的基础。帮助宝宝逐渐发展出自我调节的方法，首先就是与他保持一致的共同调节。

总的来说，你需要观察什么东西或者方法能够让宝宝平静下来。可能你用关爱的表情和充满爱意的嗓音对他说“没事的，宝贝，妈妈在这里”，同时散发出一种平静且值得信任的气息，这就足够了。你的声音可能并不足以让他平静，可能他需要被抱着摇晃，又或者某个韵律或富有节拍的摇晃能够帮助孩子安静下来。也有可能，你试了所有的方法，而宝宝仍然烦躁不安。此时你可以试试把他轻轻地放下来，看看减少外界刺激是否能够帮助他进行自我调节。

尝试一下，哪些方法对你的孩子有效。这就是回应的含义，给自己和孩子耐心，主动去理解孩子的需求。研究表明，这是一个双向的过程。当父母安抚孩子时，我们的心律会和他们同步，而这正是一个实实在在的关于爱和信任的生理体验。不可否认的是，做到这一点的确很难，尤其当父母自身感到焦虑不安的时候。而作为像克丽和本那样的新手父母，这太正常不过了。

孩子有能力自我安抚

当你确认孩子的基本需求得到满足以后，在他们有限的自控能力范围之内，给他充足的时间去发现并探索自己的身体，允许孩子尝试感受自己身体的界限。比如，如果你把一个喂饱奶、换好尿布之后仍然有些躁动的孩子放在一个安全的地方，她可能会吸一吸自己的手指，或连续好几秒盯着某个物体看，还可能用腿踢一踢婴儿床的围栏。这些都是孩子练习自我安抚时刻。

婴儿并不是全然无助的，他们可以调整自己身体的姿势，可以把手放到嘴巴附近，甚至吸吮自己的拳头或者手指。他们可以环顾四周，注意某种声音，闭上眼睛，甚至有时候把头扭向另一边。当然，婴儿自身的能力各有不同。早产儿以及有健康问题的婴儿可能还不会哭闹或凭直觉移动自己的身体。你需要跟随自己的直觉，在孩子需要支持的时候，为他们提供那份支持，尤其是当你觉得孩子已经尽己所能的时候。

顺应宝宝的需求

以下三个步骤可以帮我们顺应孩子的需求：观察孩子提供的线索、解读线索的含义、采取行动。观察孩子提供的线索意味着关注孩子身体发出的信号。解读线索的含义就是去了解孩子，并处理孩子行为背后明显的成因，比如给孩子喂奶或更换尿布。采取行动则意味着首先满足孩子明显的需求，然后再多花一两分钟去观察孩子接下来的反应。孩子如果盯着你看，他可能想告诉你，现在是亲子联结的好时机。而另一方面，当孩子需要休息的时候，他可能会看向别处。这些都是尊重和顺应孩子身体信号的智慧小妙招。

无论出于什么原因，宝宝最初降生的几个月，睡眠不足都会削弱父母的神经平台，让父母觉得每一件事都好像是一个突发的紧急状况。对于本和克丽来说，事情就是如此。当克丽第一次打电话给我的时候，她听起来精疲力竭，声音悲伤、平淡而安静。当我们初次在办公室见面时，克丽深深的黑眼圈显示出她初为人母的艰辛。

保证充足的睡眠是第一要务

对于父母来说，最重要的就是充足的睡眠。我们在第 5 章中说过，睡眠是我们生命的支持系统。本和克丽需要足够的睡眠来帮助他们好好思考并重新找到自己的方向，找到他们三口之家生活的新节奏。睡眠是一项不容商榷且必须满足的基本需求，而这对夫妻已经连续好几个月没睡过好觉了。这个睡眠赤字给他们带来极大的消耗。

为了帮助本和克丽从中恢复，我们开始拟订一份计划，把晚上分成不同的时间段，由他们轮流照顾塞尔温，直到她发展出比较稳定的睡眠规律并不再频繁地喝夜奶。本习惯晚睡，所以前半夜归他，这样克丽就能睡上几小时。克丽用吸奶器把母乳吸出来，这样本就可以用奶瓶给塞尔温喂奶。本还把自己的陪产假延长了几个星期，这样他们就可以在白天轮流午睡，直到补回欠下的睡眠。这么做对本和克丽的精神状态产生了显著影响。休息好了以后，这对夫妻看待所有事情的视角都从绝望转变成了充满希望。

接受来自家人和朋友的帮助

父母有必要更加灵活变通地想办法来应对睡眠不足。白天，当孩子小睡的时候，父母可以跟着一起睡一会儿，请亲朋好友在你睡觉的时候帮忙照看孩子。因为睡眠不足，很多父母都淡出了社交圈，因为他们需要保存体力以应对日常。然而，在困境中，我们往往因为身心疲惫而回避求助。这是身体的自我保护机制。当我们疲惫不堪时，却可能在最需要社交的时候变得孤立。面对亲朋好友的关心与询问，不妨考虑接受他们的援助。列出一份清单，明确他们可以如何帮你，比如给你做一顿饭菜，带老大去公园玩几小时，帮你洗衣服、接孩子，或过来陪你聊聊天。

当我的孩子们还小的时候，我最喜欢的充电方式就是睡衣日。我会请朋友或者家人把孩子们接走，留我自己一个人在家放松。平时我的生活都被排得满满的，但在那一天我会顺应心意，做一切突发奇想的事，比如看本书、吃点点心、喝杯茶，或看电视。但是，睡衣日最重要的活动是好好地睡上一觉，不上闹钟的那种。

当朋友或者家人把孩子们送回来时，我宛如新生。我有更多的耐心，并且能更愉悦地陪伴孩子，而不是机械地应对她们的需求。对于幼儿的父母来说，有一点十分重要，那就是承认当父母给我们身心带来的消耗，且并不以此为耻。

当本和克丽找到了补充睡眠的方法之后，我们就开始处理下一个挑战：塞尔温时断时续的哭泣。

父母轻柔的嗓音

宝宝会对声调做出反应，平静的声音让他们感到安全。当你平和冷静时，你会发出高低有致的悦耳的声音，这也是宝宝如此喜欢父母轻柔嗓音的原因。父母的声音能抚慰小宝宝，因为他们能感觉到这个发出自然、有韵律的声音的人是安全的。有的父亲可能会觉得使用更有旋律感的声音说话有点傻，但是这种声调在给宝宝带来安全感方面卓有成效。

每个孩子都有独特的感觉偏好。你也可以尝试用不同声音或不同大小的音量说话，观察宝宝的身体反应。她安静下来了吗？她会看着你放松自己的身体吗？还是她闭上眼睛把头扭向另一边？如果是这样，她可能在告诉你，她需要休息，或者你需要再试试别的方法。塞尔温的父母发现，把她贴在自己的胸膛，然后用力地发出有规律的“嘘”声，能让她的身体在下午的哭闹中放松下来。

背景音和音乐

有时候，孩子可能需要一个更加安静的环境才能安稳地待着。如果你的家里充满着各种环境噪声，比如开着电视或者播放音量较大的音乐，那么可以试试减少背景音，然后观察孩子的反应。

当孩子不太烦躁，或刚露出烦躁的苗头时，试一试不同类型的背景音乐，比如莫扎特、女声演唱的迪士尼歌曲，哪怕是摇滚乐。我已经没办法细数我到底放了多少遍沙滩男孩（the Beach Boys）乐队的歌曲《科科莫》（*Kokomo*）了，只因为这首歌能安抚我的小女儿，让她笑逐颜开。

也许是因为这首歌有很多安抚的元素，比如可预测和稳定的节奏、友好的声音和大量的重复。每个孩子都用自己的方式应对声音以及其他感觉刺激。比如，塞尔温的父母就买了台便宜的白噪声机器，他们发现流水的声音能让她平静下来。

运动

尝试不同的动作，观察宝宝的反应。当你抱着孩子的时候，尝试一下各种不同韵律和节拍的运作。也许他喜欢背对着你，脸朝向外；也许他喜欢和你胸膛相对，把头搭在你的肩膀上；也许他喜欢你像搂着一个足球一样，用臂弯支撑着他的胸膛。看看哪一种轻柔的动作，能让烦躁哭泣的宝宝冷静下来。当你加快或放缓节奏的时候，孩子的身体是放松下来还是更加紧张？当你前后或上下摇晃孩子的时候，他又有什么反应呢？

塞尔温的父母发现，她喜欢被高高地扛在肩上，让腹部和胸部感受到一定的压力。当她哭的时候，用这个姿势安抚她，效果最明显，而且还能经常帮助她打出一两个嗝来。

抚摸或者按压皮肤

你还可以试一试不同类型与质地的睡衣和襁褓巾，看看不同的触感是否能安抚宝宝。有时候，被紧紧地裹在被子里能让小宝宝平静。试试给宝宝进行胳膊和腿部按摩，看看他对不同力度的触摸有什么反应。

把塞尔温的胳膊和身体都紧紧地裹在结实而舒适的襁褓里，能够帮助她平静下来。在塞尔温 4 个月之前，她似乎非常喜欢自己的四肢被紧紧裹住的感觉，这也是帮助她入睡的最佳姿势。

减少刺激

小宝宝一般需要较少的刺激。有的宝宝被过度刺激时可能会扭头看向别处、闭上眼睛、发脾气或者哭闹。三四个月以上的宝宝，还会在你抱着他的时候，把你推开。这些都是疲劳和身体超载的信号。你可以继续抱着他，但是每一次减少一项活动，逐渐降低宝宝所受到的外部刺激。比如，你在摇晃宝宝的同时，还在边说话或者边唱歌，那么你可以先不发出声音，只是摇晃孩子。如果这样做仍无法使宝宝平静下来，那就再试试重新开始说话或唱歌，但停止摇晃孩子。观察一下，孩子是否有不同的反应。

关注宝宝的哭声十分必要，因为你在为孩子搭建安抚和可预测性的重要通路，可以帮助他们建立对世界和自己身体的信任。尽管如此，有时候宝宝们总免不了用哭泣来释放能量。

在宝宝刚出生的头几个月里，父母的任务就是搞清楚哭闹的含义，是意味着通过哺乳或者安抚就能帮助孩子缓解压力，还是意味着孩子只是需要一点时间来探索正在不断成长的身体里的生命力。如果你担心孩子哭得太多，一定要找儿科医生或者医疗工作者进行确认，以排除某些危险的生理问题。

本和克丽告诉我，塞尔温经常在每天下午小睡醒来、吃饱奶、拍好嗝、换好尿布之后，雷打不动地哭一场。当儿科医生检查塞尔温的时候，他说塞尔温可能正处在肠绞痛阶段[①]。这给她的哭闹蒙上了一层神秘的面纱。

幸运的是，塞尔温在三个半月的时候就不再连续两小时大哭不止了。在我们咨询的第二个月，本和克丽告诉我，他们感觉自己终于恢复了“理智”，并且做好了解决另一个核心问题的准备。这个核心问题就是塞尔温的夜间睡眠。

市面上不乏各种各样教你哄孩子睡觉的书。最好和儿科医生或你相信的咨询师商量一下，找到最适合你家孩子的方案。当然，一些关于给全家建立健康的睡眠习惯的研究和方法也值得借鉴。

每晚轮流照顾塞尔温让夫妻俩挺过了塞尔温头几个月一阵接一阵的哭闹。到了塞尔温 6 个月大的时候，夫妻俩做好了帮助她延长睡眠时长的准备。当本和克丽哄塞尔温睡觉的时候，她开始把他们推开。这是塞尔温开始探索自我调节的信号之一。每个夜晚都十分艰难，当克丽和本想安抚塞尔温的时候，她都会用自己的小胳膊小腿把他们推开，而当他们留她一个人在床上躺着时，她又会大哭大闹。克丽和本忍不住想，究竟需要怎么做才能帮助塞尔温感到困倦自己入睡呢？这究竟有多重要呢？

---

① 肠绞痛的成因尚不明确，但看起来它和胃肠道消化系统密切相关。幸运的是，孩子在三四个月大之后，它就会缓解消失。

睡眠培养，而非睡眠训练

人们最常问新手父母的问题之一就是："宝宝睡得怎么样？"大部分养育培训都会关注睡眠，然而我避免使用"睡眠训练"这个词，因为它意味着使用某一种特别的方式来进行训练，而事实上并不存在唯一的"正确答案"。我们需要找到适合每个孩子的方案，并且针对孩子成长而带来的新的睡眠挑战进行修订。

一些人认为睡眠训练就是放任孩子在睡前长时间的哭闹，但这既没用又没必要。作为父母，如果你白天和孩子在情绪上协调一致、和谐舒畅，完全没有必要天一黑就突然变成一个给孩子进行睡眠训练的教练。我更喜欢用"睡眠培养"这个词。睡眠培养事实上可以回应孩子的需求，让你的养育风格与白天保持一致，就是那种和宝宝情绪需求保持同步的养育风格。

从训练孩子睡觉转变成培养他的睡眠习惯，这本身就是一个自然而然顺应养育的过程。睡眠培养的目标是帮助婴幼儿把睡眠当成一件令人期待的、放松的、可预测和安全的事情。

事实上，睡眠对孩子来说意味着好几项挑战。首先，如果孩子习惯了在你的帮助之下入眠，你可能需要考虑改变这个习惯。否则，每次孩子醒来，他都需要在你的帮助下重新入睡。而这就是塞尔温所面临的挑战之一，每次醒过来后，她都需要父母帮她重新入眠。

其次，睡眠是一种与清醒时不同的状态。所以，即使孩子和你一起睡，他也会经历一次分离。睡眠意味着失去掌控自己身体和意识的能力。如果孩子有自己独立的睡眠空间，那么，这种分离也体现在物理层面。这样一来，睡眠包含情感因素也就不难理解了。父母应该把自然入睡看成是一个发育的过程，每个孩子都需要时间才能掌握它。这是孩子生命中的一大步，耐心和协调是帮助他们成长的关键。和其他所有事情一样，我们需要帮助孩子在自己"恰到好处的挑战区"内进行学习，这也是对他们的身体预算和神经平台的尊重。

睡眠是一种可预测的、令人愉悦的、充满联结感的经验

研究表明，帮助孩子顺利入睡的一个关键是睡前程序，也就是那些在熄灯前一小时里发生的、可预测的活动。有可预测的睡前程序的婴幼儿睡得更好，毫不意外的是，他们的父母也睡得更好。

睡前一小时的活动可以给孩子提供一种让人放松和舒适的体验，给他留下关于睡眠的积极印象。固定的睡前程序令人安心，是因为它们提供了可预测性。不同年龄段的孩子都能从可预测性中感到安全。当然，注意午睡和夜间睡眠的上床时间，确保孩子足够累，已经做好了睡觉的准备。

乔迪·明德尔（Jodi Mindell）和她的同事发现有助于婴幼儿入睡的日常习惯需要包含 4 个基本元素：

- 营养充足（比如喝饱奶或补充了一些健康零食）。
- 卫生（比如洗过澡、穿舒适的衣服）。
- 沟通（比如唱摇篮曲、小声说话或读睡前故事）。

- 肢体接触（比如依偎、拥抱、按摩）。

以上 4 个基本元素是一份通用性指南，还需要根据孩子自身的偏好、你的养育风格，以及你们家的日程安排和喜好做出具体调整。比方说，如果孩子的皮肤对水特别敏感，那么睡前洗澡可能就不是个好主意。有些孩子可能喜欢和父母亲昵地依偎在一起并且喜欢按摩，而另外一些可能更喜欢轻抚或被摇晃。还有一些孩子可能只需要清单上的一两个活动就足够了。

本和克丽急切地想要设计一套帮助塞尔温入睡的方案。我们讨论了更加可预测的有益的睡眠程序，其中包括在塞尔温有困意但还没有完全睡着的时候，把她放在小床上，看看是否可以帮助她睡得更久。他们也选定了一个包含前面提到的 4 个基本元素的全套睡眠程序。在入睡前一小时，他们给塞尔温吃晚餐，现阶段也加入了一些辅食；然后洗澡，并且在塞尔温仍然清醒的状态下给她喂奶，而不是让她边吃边睡；接下来，他们会和她一起安静地玩上 10 分钟；然后轻轻地摸摸她的后背，拉上窗帘，唱一首短短的晚安歌；最后亲亲她，并把她放在床上。塞尔温享受这些环节，父母二人也觉得舒适。就这样，他们在睡前建立了一个舒缓的过渡期。还是那句话，每个孩子都不一样，你的宝宝可能并不需要像塞尔温这么多步骤的睡前程序。

在接下来的几个星期里，本和克丽会在他们觉得塞尔温的哭声激烈到需要被安抚的时候，才走进她的房间，轻柔地安抚她。终于，塞尔温在晚上醒过来的时候，每次只哭闹几分钟，就能自己重新睡过去。不到一个月，塞尔温每晚就只需要醒来吃一次奶了。这对克丽和塞尔温来说，都是可以接受的作息。他们俩在夜里只需要醒来一次，而克丽特别喜欢晚上哺乳时的宁静和亲密感。4 个月之后，当塞尔温快要 10 个月大的时候，已经不需要再吃夜奶了。现在，他们全家都可以一觉睡到天亮。当然，过程中偶尔也会有一些不可预测的时刻，比如塞尔温人生第一次因为感冒鼻塞而半夜醒来，或当她出牙的时候因为不舒服而醒过来。

无论你的孩子多大，舒缓的睡前程序都给你们提供了一个极好的亲子联结的时光，父母慢下来可以给孩子创造可预测性。睡前程序的 4 个基本元素也是孩子健康发展的基础，它们会鼓励孩子在童年及此后的人生中养成良好的习惯。这些有益健康的事情，像是和父母共进营养晚餐、在晚餐和洗澡的时候没有时间压力的交流、肢体之间有爱的接触，对孩子的身体预算来说全都是巨额的收入。我们用亲子关系作为孩子睡前的铺垫，使之成为一种可预测的、令人愉悦的、充满联结感的体验。

如果你尽了最大的努力帮助孩子睡觉，却仍然不奏效，也没关系，有些孩子就是不太容易掌握清醒和睡眠切换的周期。保持希望，尝试新的方法，关爱自己，并且帮助宝宝处在一个让他的神经系统感到安全的环境中。当你感到力不从心的时候，别忘了向外界寻求帮助。

6 ～ 12 个月，保护孩子的探索欲

在孩子人生最初的几个月，我们时常惊叹于他们的成长速度，比如“她长这么大了”“他是不是一夜之间长高了”，一切都是如此日新月异。父母会说“慢一些”“我想要多享受几天宝宝这个发展阶段的日

子”。人生中的第一年，孩子大脑内的神经元会以每秒数以百万计的速度进行连接，孩子也会以惊人的速度成长。

在第一年的后半段，宝宝们会发展出越来越多的控制能力，他们身处的世界也将变成一个大型科学实验场：伸手去够物体，用嘴巴尝一尝，观察物体，把东西扔地上，翻箱倒柜地把东西拿出来再放回去。每一天，宝宝都在逐渐提升对身体的控制能力，从最开始盯着摇篮上方的旋转玩具看，到随意地挥手去打它，再到有目的地去够某个特定的物品。

想象一下，这种强有力的想要获得掌控感的欲望，正在一点一点地在你的身体里弥漫开来的感觉，随之而来的还有极度的兴奋感。突然之间，你意识到你可以移动自己的手臂，用它挥打那些以前你只能看看的东西。这种掌控感会进一步发展成用手抓握并把它们放到自己的嘴里。在头一年里，宝宝会从只是注视某个东西发展成用自己的全身来探索。在你的帮助之下，孩子正在学着享受和容忍一个充满新的感官体验的世界。

宝宝习得的每一个技能都会让他们想要进一步探索世界：坐立、爬行、扶着东西走，直到最后独立行走。对宝宝来说，和世界互动充满诱惑和乐趣。他想要触摸、听、尝、撕、移动和扔各种东西！每一件事都是新的，而他正在实验中认知因果关系。

宝宝们非常喜欢重复，他们在反复做同样事情的过程中感到满足并学习规律。给孩子多些耐心，并记住，他是个科学家，需要通过动手去做，而不仅仅是看来重新发现世间万物。父母的任务就是保证宝宝的安全，而这需要我们时刻保持警觉。

在宝宝出生后的第一年里，你可能会有对孩子说“不”的冲动。但对宝宝们来说，想要搞清楚世界和他们自己身体的运作模式是正常的需求。当我们引入一些保护孩子安全的必要边界时，我们也需要去保护他们那份令人难以置信的探索和尝试新鲜事物的动力。

游戏，最好的脑身运动

游戏是孩子的天性，与不同年龄段的孩子互动的核心原则可概括为 7 个字：跟随孩子的引领。

从最简单的陪伴开始。把手机和电子设备放在一边，带着好奇心观察孩子。宝宝们是天生的探索家，因此我们并不需要为他们做太多的准备。只要跟随孩子的脚步，他们自然会向你展示他的兴趣。在成长的第一年，他们天生的好奇心将驱动他们在最珍贵的亲子互动中，和你紧密联结与交流。

我们可以把游戏分成三个广义的类型：自主探索性游戏、与父母或其他成人一起玩的游戏，以及与同龄人一起玩的游戏。在生命的前 6 个月中，孩子大部分的游戏都是前两种：注视、触摸、把玩或者吮吸物品，然后与你分享那份经验。这些都是探索世界的重要方式，而和同龄人一起玩需要等到晚些时候才会发生。

当宝宝把他正在探索的物体拿给你看或者递给你时，交流就开始了，这种简单的互动是前面提到的“发球”和“接球”的延伸。

他拿起一个拨浪鼓递给你，期待你的反应。你会说什么呢？宝宝可能会用木勺敲打锅具，然后被这个声音吓呆，看着你并向你寻求安慰。你可能会说："哦，天哪，这声音可真响啊！"或者你会说："没关系的，宝贝。"他可能会给自己喂吃的，而当你张开嘴巴时，他可能会把食物送到你的嘴里。这就是他的第一次分享。当你开心地说："这真好吃啊！谢谢你！"这个时候，你的宝宝微笑着，然后尝试再次喂东西给你吃。这就是我们跟随宝宝的脚步共度的游戏时光。前6个月里，宝宝和你会进行这种简单的你来我往、你叫我笑的互动。6个月后，宝宝会出现想要和你分享东西的意愿。最终，他会明确地用肢体语言告诉你，他想要什么。这是宝宝沟通能力提升的一大步。用手指物是解决社交问题的萌芽，而在游戏中追随孩子的脚步是帮助孩子培养人生中解决问题能力的重要基石。

当你来我往的互动不断进化时，一些神奇的事情就发生了。互动变得更加复杂，游戏就成了帮助孩子自身神经平台变得更加强壮的一种练习。让婴幼儿尝试用新的方式去移动身体，体验不同类型的感受。这也是游戏被称为"神经运动"或"脑部运动"的原因。事实上，游戏是一种最好的脑身运动，能够帮助孩子在安全、联结、有趣而又吸引人的环境中，整合不同的感受、想法和情绪，同时建立自我调节。一个极好的游戏例子就是：躲猫猫。

BRAIN-BODY PARENTING
脑身教养法要点

躲猫猫的魔力

和小宝宝玩躲猫猫可以很好地锻炼他们的感觉系统，让他们体验玩伴消失时带来的压力和紧张感，以及玩伴又出现时的压力释放的感觉。宝宝玩躲猫猫时一般都会表现得很开心。躲猫猫对于快要进入学步期的婴幼儿来说，是一项“恰到好处的挑战”。因为他们会一次又一次学习并且确认，即使他们看不见某个人，这个人也仍然存在。

在童年后期，像捉迷藏这种更加复杂的游戏能够提供一种可接受的紧张感。当你找到隐藏的人或者被他们找到的时候，这种紧张感就会缓解。这些游戏能够培养出一系列逐渐萌发的解决问题的能力，同时这些游戏又十分好玩。游戏用有趣而又愉悦的方式，为孩子不断成长的独立性做准备。我们会在接下来的章节中探索和幼儿以及大一点孩子进行游戏的方式。

在塞尔温一岁生日前不久，她的父母带着她来见过我一次。一开始，塞尔温有些拘谨。小手紧紧握着母亲的手。我们一起坐在地毯上，她从箱子里拿出一个玩偶给父亲看。我在一旁坐着，看着这个年轻的家庭享受游戏的场景。我想起 6 个月前，这对父母精疲力竭的面容，与当下笑意盈盈的样子简直像两个世界。接下来，惊奇的一幕发生了：塞尔温站起来，开始摇摇晃晃地迈出了人生的第一步。当她穿过房间走向大厅的尽头时，她回头看了看爸爸妈妈，脸上挂着灿烂的微笑。然后，塞尔温迈着蹒跚的步子，走进了大型游戏室。

看着塞尔温，我意识到，在宝宝生命的第一年，帮他建立牢固的脑身联结有多重要。当我们耐心满足宝宝的需求时，他们能感受到安全，并开始信任这个世界。然后，这份信任令他们敞开内心，开启交流和探索。这是一份坚实的基础，不仅帮助他们在未来乐于分享自己的想法，更能让我们深入了解他们的需求，一起解决问题。

培养韧性的建议

回应宝宝的需求包括观察他的身体语言，搞清楚它们的含义，并且用有爱以及协调一致的行为去满足他们的需求。与此同时，父母也应该尊重宝宝自身不断增强的自我安抚的能力。当他人的养育建议与你的直觉相违背的时候，可以忽略这些声音，虽然有时候可能会很难。依赖你自己的直觉，去回应你独特而又珍贵的宝宝。

第8章

恼人的幼儿期：运用共同调节，化解情绪风暴

深深地同情孩子，但别忘了划定边界

如果父母能观察并且享受孩子的所作所为，而不是不停地去教孩子他们还不能胜任的事情，生活会不会更简单呢？

——珍妮特·兰斯伯里（Janet Lansbury）

与一个处在学步期的孩子一起生活有点像一场狂野的飙车旅程。从成长过程的角度来理解这个时期孩子的情绪和行为变化，不仅有助于我们更好地应对和引导，更能让我们欣赏和庆祝他们在探索世界的过程中产生的天然的好奇心、创造力、勇敢的胆识以及充沛的精力。

有一次，我在机场排队安检，在缓慢前进的队伍中有一对夫妇和他们不到三岁的孩子。我注意到孩子变得越来越不耐烦，开始哼哼唧唧，他的父母正在轻柔地安抚他。但是，这个孩子的抱怨声还是越来越大，大喊着想要拿到他的毛绒玩具熊，而毛绒玩具熊显然已经被误装进了托运行李中。当他的父母走到安检人员面前出示他们身份证的时候，小男孩的请求已经升级成了倒地不起的哭闹索要。

看着这个熟悉的场景，我感到自己心跳加速，镜像神经元也被触发。这对倍感压力的父母，正在尽自己最大的努力把在地上又踢又叫的儿子拖住。孩子的母亲向安检人员表示歉意，往后退了一步，对我挥挥手，让我先行。我走了过去，听到这对父母商量对策。父亲问："把他抱起来？"母亲摇摇头说："让我们等一等吧。"他们挪到旁边，在男孩捶胸顿足时，确保他的安全。当我朝着航站楼走去的时候，还能听到孩子的哭喊声，这让我回忆起那些带着我的小女儿们出行的艰难往事。

几分钟之后，在航站楼里，我又看见了那一家人。父亲正抱着小男孩，他依偎在父亲的身上睡着了。我想起了这些年曾经找我咨询的很多幼儿的家庭。他们当中太多人都有着同样的挣扎：如何应对幼儿快速的成长、变幻的情绪和行为，以及他们的情绪风暴。

我想起了罗杰和文斯夫妇，他们最近约我见面聊一聊他们的孩子乔丹。乔丹在两岁时被他们领养。当乔丹四岁的时候，他所在的幼儿园已经两次勒令他停学了，幼儿园的园长也向我发出求助。乔丹最近因为沙坑玩具和另一个孩子发生了争吵，然后乔丹推倒了那个孩子。这让乔丹的父母有些担心乔丹管理愤怒情绪的能力。校长告诉我，老师们已经尝试了所有他们能想到的办法去帮助乔丹学着"君子动口不动手"，但是一点儿用都没有。罗杰和文斯也十分困扰。乔丹平静的时候完全能听得进道理。但是另一些时候，乔丹却会因为一些小事儿失控，比如父亲一不小心把牛奶倒在了本应该装水的杯子里。

幼儿的行为通常难以预测，这让很多父母倍感困惑。下面是父母常遇见的幼儿问题行为：

- 情绪起伏大，不愿配合。

- 哼哼唧唧或大声尖叫，对一切说“不”。
- 试探边界。
- 认为“公平”意味着得到自己想要的一切。
- 索要某个东西，得到后就失去兴趣。
- 无止境的讨价还价。
- 不知道或者无法说出自己想要或者需要什么。
- 咬人，打人，挠人或拉人的头发。
- 扔食物或东西。
- 手足相争。

看看下面几个来访者和我分享的故事吧：

“我的孩子央求我好久，让我给他吃黄油土司。最后我妥协了，给他抹好了黄油，将土司递到手里，结果他却忍不住大哭。他尖叫着‘不要面包片！’，然后把土司重重地摔在了地上。”

“我的孩子 3 岁了，在动物园里度过了有趣而又美妙的一天之后，让我再给他从纪念品商店买一块恐龙糖。我告诉他，我不能把糖给他，因为我们快要吃晚饭了。他好一阵哀求，但我都没有让步。结果，他在车里尖叫了 20 分钟，直到我们到家。搞得我的耳朵一直嗡嗡作响。”

“女儿情绪崩溃到一半时，我问她怎样才能帮助她平静下来。她什么都没有说，所以，我给了她几个选项。她说：‘不，我不要做这些！’于是，我安静下来并且保持冷静。但她又立刻说：‘告诉我该怎么做。’”

“我儿子最近十分难搞。倒不是因为他累了或饿了。我感觉他的需求已经得到了满足，但还是会失控，而我完全不知道怎么帮他走出来。我常问他需不需要拥抱。有时候，他说需要。也有一些时刻，我在抱他的前一秒还在咬牙切齿地想，他正经历的到底是什么鬼问题！”

父母到底该怎么做呢？忽略你不想鼓励的行为吗？还是应该把注意力放在你更想要孩子做的事情上呢？

其实，并没有什么简单的答案。从各类书籍、社交媒体、播客、网站等信息渠道中，我们总能获取到各式各样的建议。有的建议基于理解、爱与共情，强调与孩子划清界限，让他们学会倾诉负面情绪；有的则推崇“暂停法”，警告家长若不如此，孩子可能会利用发脾气来满足自己的需求。还有专家提倡认知策略，即耐心地与孩子沟通，引导他们认识自己行为背后的含义。当然，也有人采取不那么积极、主动的策略，比如保持冷静，等孩子发泄完。

不论哪种方法，孩子情绪爆发的情况总是难以避免。更有一些发展性观点认为，孩子的情绪风暴其实是在寻求帮助，他们需要的是父母那份坚定、温暖、耐心且充满爱的回应。你会听到各种不同的建议，可能来自儿科医生、老师、朋友，甚至在超市结账时想和你的孩子搭话却把他吓哭了的陌生人。每个人都有自己的见解，而你的选择应该基于你对孩子的理解和爱。

在本章中，我会说一说我们该如何把目前所学的一切应用在幼儿身上。我们会发现，符合孩子神经系统需求的养育策略是支持他们度过幼儿期起起落落的关键。我们应该依据神经平台的信号，而不是给某个行为贴上的标签来指引我们的行动。观察孩子的神经系统，如果孩子正处在红色通路，我们需要调整策略，灵活应对。

如何判断哪种方式对孩子最好呢？让我们从理解幼儿的自控能力开始吧。

不是幼儿喜欢发脾气，而是情绪触发了幼儿

当孩子还是个婴儿时，他们对自己的身体控制甚少，成长进入幼儿期，他们开始能够使用手势或者其他肢体语言表达需求，进而学会通过说话与人进行交流。这些令人惊叹的发育快速进入爆发期，但迅猛的成长却带有欺骗性。幼儿有可能看起来特别老成，比如学会提问以及向我们展示和诉说他们所处的世界。但是这并不意味着他们拥有熟练控制自己行为的能力、看见更大图景的能力，以及提前规划或做好决定的能力。这些能力仍然处在发育阶段。我们无法期待孩子随时都能表现出这些能力和行为。正如我们在第 1 章中了解的那样，学会提前思考规划以及熟练地控制自身的情绪和行为，也就是我们说的执行力，这是一个从幼儿期开始出现的长期发育过程，会一直发展到我们 25 岁左右。因此，我们对幼儿的期待时常高于他们的能力。

神经科学为幼儿的一些行为提供了解释，比如为什么孩子会因为把为炸鸡块准备的番茄酱和他盘子里的豌豆混在一起这样的小事情绪崩溃。这和一个叫作“统计学习”，也就是大脑习得规律的能力相关。在收集足够的人生经验来构建庞大信息库的这个过程里，幼儿尚处在早期

阶段。孩子需要通过持续的学习才能对周围的环境做出准确的预测。同样地，在明白其他人和自己会有不同想法这点上，他们也涉世未深。就像上面的例子，孩子会想："难道你们不知道，我不喜欢把番茄酱和豌豆放在一起吗？！"当现实和预期不符的时候，压力就变得容易理解了。孩子的神经平台是否强大，换句话说，也就是他们那个时候身体预算的余额还有多少，可以决定这个孩子面对失望时如何回应。我希望这一点神经科学的知识能够帮助你理解为什么情绪风暴在幼儿期如此常见，而且是非常正常的。

期望差距就是由此产生的，当孩子的大脑和身体还没有准备好做某些事情的时候，父母却预设孩子能够做到。这种落差在幼儿期达到巅峰。父母认为孩子能够控制他们的情绪，能有礼貌地索要东西，能控制自己打人或者踢人的欲望，并且能够听从指令。但是小家伙们其实才刚刚开始掌握这些能力。因此，父母需要理解孩子，也需要理解我们自己，因为孩子正在学着更有效地预测，学着接受不同的观点，学着以更灵活的方式思考问题。这个过程需要时间，并且并非坦途。当所有努力都汇聚成一股力量时，你将看到孩子逐渐成为成熟的人。然而在此之前，你发现某一天他又把土司扔在你脸上了。这就是成长的魅力，它既有甜蜜的时刻，也有让人哭笑不得的瞬间。

我们常常用"可怕的 2 岁"或"暴脾气的熊孩子"来形容幼儿的行为，但实际上，这更多是因为我们对他们的期待过于理想化，我们更应该看到这些行为是幼儿成长的必然表现。他们的行为背后都有其原因，因为在这个年龄段，他们正忙于探索世界，理解其运作规律，而自控能力还处在非常初级的发育阶段。

事实上，如下的行为才是我们对幼儿该有的预期，比如他们想吃蛋糕而不是谷物作为早餐；想尝试口红，甚至在墙上涂鸦；试图拉下仓库里沉重的耙子；直接从兄弟姐妹手里抢走玩具，而不是好声好气地询问；对于自己热爱的游戏，往往不愿轻易停止。这些都是他们认识世界、体验生活的自然过程。

找我咨询的很多父母和老师都会高估幼儿控制自己情绪与行为的能力。这也就解释了为什么在美国的幼儿园里，会有如此多的孩子因为行为问题被停学或者劝退。我们需要从这样一个问题开始思考：行为是“自上而下”的，是为了检验一种想法或假设吗？还是说，行为是“自下而上”的，正告诉我们孩子的身体预算已经耗尽，对他们来说，这些“恰到好处的挑战”过于困难了？记住，幼儿没办法判断某个挑战是不是太难了，而他们的身体会帮助他们做出决定。**当他们面对过难的挑战时，需要我们通过情感共鸣给他们的身体预算进行充值。**我们需要理解，他们稚嫩的神经系统正在努力恢复平静，而他们的行为正是这一发育初级阶段的反映。

以上所说的事情没有一件是容易的。抚养幼小的孩子，既是身体上的消耗，也是情感上的压力，而且风险还很高。幼儿还不知道如何保证自己的安全，他们需要我们不停地设立合理的边界来帮助他们学会保护自己，学习什么能做，什么不能做。

当我们意识到，幼儿还没有能力表现得像我们所期待的彬彬有礼，这时，我们就应该改变自己的预期，减少自身的挫败感。请记住，每个孩子都会根据自己的节奏学会自控，建立安全意识，拿孩子和他的同龄人或兄弟姐妹做比较，毫无帮助。因为每个孩子的发育时间表都大不相同。你一定会看到其他孩子能做一些你的孩子做不到的事情，千万不要落入期望差距的陷阱。

当我们对幼儿们抱有不切实际的预期时，我们就有可能传达给孩子这样的信息：如果他们没法控制自己，那就意味着他们主动选择做错事或者坏事。父母的语气和表情立刻就会传递出认可还是不认可的信息，而这些信息会被孩子们吸收。想想这样的说法："你如果不能冷静下来，我们就不能再在这里玩了！"或"如果你不停止哭泣，我们今天晚上就不能看动画片！"尽管对于能够控制自己情绪的人来说，这些话听起来像是切实可行的激励手段，但是对于一个正处在情绪风暴中的幼儿来说，根本无法处理这样的信息。相反，他会因为感受不到和大人的联结，进而感受到威胁，因此变得更加生气不安，而非冷静下来。

幼儿和我们一样，也会感到尴尬和羞愧。当父母在幼儿失去控制的时候，使用带有消极情绪的话语来纠正他们时，实际上是错误地利用了羞愧感，这会暗示孩子是他们主动选择情绪失控的，而事实并非如此，这更会影响孩子自我认知的形象。当然，也有例外情况。比如，孩子冲向繁忙的马路，我们可能会大声呼喊，然后紧急拉住他们，以确保他的安全。但是，在无害而安全的探索中，当孩子已经情绪失控时，我们应使用更加温和的方式，尊重他们天生的好奇心和探索精神，理解他们需要时间才能完全明白自己的行为产生的影响。

简言之，我们不应该在孩子没有恢复自控的时候指责孩子。并不是幼儿喜欢发脾气，而是情绪触发了他们。我们需要理解，幼儿面临的情感困境并不仅仅是"消极"或"寻求关注"的行为。事实上，父母应该欢迎孩子表达多种多样的消极和积极的情绪。因为这些不同的体验是人性不可或缺的部分，反映了神经系统应对变化的能力。当然，父母也需要给孩子们设立明确、充满爱意且坚定的界限和期望，这是他们成长所需，但是请不要因为孩子面对压力时的应激行为而惩罚他们。

BRAIN-BODY PARENTING
脑身教养法要点

情绪风暴还是试探边界

在自控能力较弱的阶段，孩子也在了解世界，学习哪些行为是恰当的，哪些是不被接受的，这个过程自然就包括试探边界。想一想，幼儿为他们自己所做的每一次尝试和选择，都发生在他们的想法和探索能力蓬勃发展的时刻。孩子们渴望掌控自己的小世界。我认为用“探索”来描绘幼儿的行为更贴切，因为“试探边界”带有负面意味。幼儿在探索中不断把自己的想法与行动相结合，感受自主能力的边界。这么做，并不容易。他们时而觉得世界尽在掌握中，时而发现现实与想象的差距。因此，在教学中，我们最好能做到耐心、放松、平和。探索是每个孩子成长发育的自然环节。面对孩子的探索，我们既要从情感上接纳孩子情绪的起伏，又要保持坚定而明确的边界，并在必要的时候予以恰当的引导。

下面两个事例相信会对你有所启发。

试探边界：你看到孩子偷偷打开冰箱，拿出曲奇饼干来吃。孩子的举止显得从容不迫，显然他的行为是有预谋的！事实上，孩子的计划的确十分精彩！但此刻正是我们发挥智慧的时候了。首先，我们必须明确告诉他这样做是不被允许的。其次，曲奇饼干里面有生鸡蛋，吃起来不安全。所以，我们需要耐心地教导孩子，然后设立边界。

> **情绪风暴：**当生日派对即将结束，你的孩子突然情绪失控，我们如何确定这是不是他在故意挑衅呢？孩子此时似乎进入了红色通路，他脸颊潮红、眼神不定、动作频繁、大声叫嚷，声音中充满了压力，甚至可能一边踢人一边从你身边逃离。这种情形确实让人有些哭笑不得。此时，我们应当及时安抚孩子的情绪，帮助他稳定神经平台，回归平静。

在情绪与行为的自我控制方面，幼儿们还需经历漫长的成长历程。他们通过共同调节逐渐发展出这种宝贵的自我控制能力。而在这一过程中，一段稳固的亲子关系起着至关重要的作用。这种关系建立在冷静的陪伴、情感共鸣以及坚定而明确的边界之上，它教会孩子们如何运用自己的思考去应对内心的感受和情绪，从而不断增强他们的自控力。

因此，我们需要始终如一地设立充满爱的、坚定且明确的边界，但是这并不意味着父母不能试着去理解孩子对这些边界的观点、意图和感受。毕竟，能够说清楚自己在早餐时想吃蛋糕而不是健康的谷物，也是孩子早期辩论能力的展现。同样地，解释清楚为什么自己想去公园玩，而不是待在家里，也是孩子学习自我辩护的早期练习。这些都是好事情。父母可以欣赏积极的辩论，也要欣赏当我们阻止孩子想法时他产生的一系列消极的情绪，包括愤怒和沮丧，同时仍然坚守我们应有的底线。这并不矛盾，就像我们接下来会看到的这些案例一样。

什么时候讲道理，什么时候共同调节

记住“自上而下”和“自下而上”行为的区别

大家经常提出的有关孩子行为问题的疑问中，有一个问题尤为常见且至关重要：我的孩子此刻的行为是“自上而下”的，还是“自下而上”的呢？不同的行为所需要的解决方案是不同的。而这个问题的答案会决定我们接下来是给孩子讲道理，还是与其进行共同调节。有时候你需要两样都做，但是第一步需要理解“自上而下”和“自下而上”行为之间的区别。我们先来谈谈“自下而上”的行为，比如情绪风暴。

“自下而上”的行为是本能的，它的起因是孩子身体预算的余额过低甚至透支，或他的安全探测系统探测到困难或威胁。我们称其为“自下而上”，是因为它们起源于生理状况，而非孩子蓄意或试探边界。

请记住，孩子的安全探测系统即便在客观、安全的情况下，也可能向他们发出危险的信号。这是非常主观的事情。有时候，对一个幼儿来说，把香蕉切成四段，而不是两段，都有可能让他们感受到威胁。当然，这不符合逻辑。这也是为什么让父母在这种时刻保持温柔和共情是如此困难。但是请记住，孩子们仍处在能力发展的过程中，这种能力包括理解某件事是否符合逻辑，告诉自己一切都很好的自我安慰的能力。他们需要我们的帮助，才能做到这些。

孩子们也在学习如何调节或控制自己的反应强度。调节意味着根据具体情形和惯例进行调整和控制。最终，孩子们能发展出使用语言和其他“自上而下”的思考方式来应对的能力，而不是大哭、尖叫或打人等方式。假以时日，孩子能理解香蕉被切成 2 段也没关系，因为吃起来味道是一样的。甚至他们会让父母给一把钝一点的刀，自己切香蕉。这些调整可能看上去简单，但实际上是复杂的“自上而下”的思辨能力，而大部分的幼儿还在发展这些能力。

逻辑思考能力、自我对话的能力以及自我调节能力，都是幼儿们尚未完全具备的能力，这些能力可以帮助人们应对生活中的失望或意外事件。这也是为什么幼儿的行为常常令人困惑且似乎不合逻辑。孩子的行为取决于他们身体预算的余额，很可能一言不合，他们就会立刻原地失控。

就好像我在机场看到的那个孩子，他没办法请父母帮忙或自己劝自己，他处在一个“自下而上”的情形中。他的父母试着等待他的情绪风暴过去，从而脱离那个尴尬的局面。但是看上去，他们除了让孩子自己走过情绪风暴以外，并没有别的应对方法。这是大部分人处理此类情形的方法，但采取更加主动的策略会更有帮助。

乔丹，那个会突然推搡小伙伴或抢玩具的幼儿园中班孩子，应对的正是“自下而上”的情形。他的安全探测系统会因为感觉到自己体内深层的不适感而突然发生变化，而他的神经平台则会对这种改变做出反应。乔丹两岁前所经历的一些创伤，又让他更倾向于误读社交中的线索，把原本安全的情景当成是威胁。

“自上而下”的行为则是刻意而有明确意图的。我们把这些行为称为“自上而下”，是因为这些行为和我们大脑的执行功能紧密相连。想想优秀企业家们所具备的特质：面对变化灵活地做出调整的能力；既关注全局，也不忽略手边的细节；根据过去的经验教训和对未来的预期合理决策。幼儿们当然会出现一些“自上而下”的能力和行为，但是父母不能期待这些能力达到成人的水平。

幼儿的自控能力尚未成熟且表现不一

有时候，你的孩子可能上一秒看起来还能控制自己，下一秒就失控发脾气，比如尖叫、哭闹、打人、踢人、逃跑和扔东西，这些都是本能或自下而上的行为，表明孩子交感神经系统中“非战即逃”的反应被激活了。此时，幼儿们处在生存模式，无法好好思考。他们也不会使用逻辑、计划或推理来找到自我调节和保持冷静的方法。这些能力需要经过很多年才能发展成熟，即使是成人，很多也还在为此而努力。

试一试

想一想，最近一次你大发雷霆、失去控制是什么时候？如果你和另一个成人在一起，那个人有没有试图和你讲道理或说服你改变自己的主意？如果有，这种做法有用吗？如果那个人不理你或干脆走开，你感觉又如何？或者你当时和一个理解你的人在一起，他能够认识到你需要的是陪伴和接纳，能见证你的痛苦并支持你，无论是给予心理上的支持还是物质上的支持，此时你的感受又如何？大多数人，无论年纪多大，都希望不被评判，被人看见、被人接纳。

不要急于告诉幼儿有关大脑的知识

当我们越来越关注神经科学，自然而然地我们也会想要教孩子关于大脑和神经通路的知识。然而，自我调节和自我控制的能力是通过联结而非教导建立起来的。父母需要等到孩子们发育成熟、做好准备的时候，才能去教他们用大脑来控制自己。否则，前方等待你们的只有挫败。

不管你的孩子多大年龄，如果你曾尝试教授他改变行为的策略，但并不奏效，那很有可能是为时过早。你可能在要求他们去做自己发育水平还达不到的事情。很多幼儿园都有挂图和表格，教孩子们把面部表情和情绪进行配对，教孩子给情绪命名并且自我安抚。这些既没有科学研究的支撑，也对不同文化之间的差异考虑得并不周全。和大多数人想的正相反，面部表情和情绪状态之间的对应关系并不是放之四海而皆准的。一些学校设置了“冷静角”，让孩子能够去那里休息，进而平静下来。当然，人人都会偶尔想要有一个舒适的角落，但是真正能够帮助孩子建立脑身联结进而实现自我调节的是，与关心他们且富有耐心的成人进行充满爱的、有情感共鸣的情绪体验，而不是将不同表情的图片和词汇配对这么简单。

在教导孩子之前，父母必须做的功课是联结。心理韧性主要是通过人际关系建立起来的，而不是通过教导，尤其是教导幼儿如何表现或如何自我安抚。我们的早教系统需要理解这一点，因为太多机构使用的教学模式都在过早地要求孩子肩负起自我调节的责任。**当我们背离共同调节而青睐规则、纪律以及群体价值观时，比如照表养育，而非根据孩子自身的需求来照料他们，我们就会削弱孩子发展自律的神经平台。**

尽管如此，我们依然还有很多事情可以做，比如帮助孩子们记录他们身体的感觉来培养他们对情绪的认知。我们还可以帮助他们找到简单的词语来描述他们的感觉。使用语言和概念来理解我们的经历并与他人分享，是一种人类的超能力。

情绪风暴的解决方案

如果孩子正处在情绪风暴中，应对的第一步是让孩子的身体平静下来。行为上的改变一般是身体预算不足的信号，也是孩子表达需要的一种征兆，他们需要情绪上的支持和适当的节奏，或减少外界对他的要求，使其回到“恰到好处”的挑战区。孩子并不需要立刻被忽视或严厉的训诫。

具体来说，父母可以使用第 3 章中讲到的关怀的方法：先检查自己的神经平台，再关心孩子的神经平台，然后用“自下而上”的策略去帮助孩子回到一个平静的状态，这样他们才能重新与你建立联结。

在孩子生气的时候，先共鸣再回应

当孩子的情绪风暴来临时，待在他的周围，先花几秒去观察，看看孩子是否在想办法解决问题或进行自我安抚。如果你的孩子能自己平静下来，那么你得惊叹于他正在发展的自我调节的能力。温柔地陪伴他，在他提出请求的时候提供帮助。可是，如果你的孩子没办法自己冷静下来，或显得不安、生气、烦躁、焦虑、疏离，或需要情绪上的支持，试一试这两个步骤：先共鸣，再回应。

一开始，你可以从最快触达孩子神经系统的反应开始。当孩子情绪非常激动的时候，他会倾向于逃跑，而不是倾听。**因此，我们需要通过提供某种非言语的认可，像是你的情绪基调、声音和肢体语言，来开始与孩子共鸣。**这样可以告诉孩子，你看到了他的不安，并且你在精神上不带评判地陪伴着他。就像是“共鸣”这个词所暗示的那样，父母和孩子在类似的能量和情绪水平上产生共振。父母通过自身平静的陪伴来和孩子分享我们调节情绪的能力。

当我们陪伴孩子时，尽量调整我们与孩子之间的相对位置和姿势。比如，坐得离孩子近一些或在孩子身边蹲下来。然后，调整你的目光，可以直视、扫视，或避免直接的眼神接触，这取决于哪种眼神可以安抚孩子。同时，注意你说话的语调，用轻柔的声音和孩子说话。观察孩子是否会柔软下来或者放松一些。如果你的孩子可以通过触摸而平静下来，你还可以加入一些肢体上的触碰，比如把一只手搭在孩子的肩膀上，或轻轻地抚摸他的胳膊。有时候，哪怕是一言不发但充满爱的陪伴也能提供有效的共同调节。

这就是帮助孩子从情绪风暴中恢复的方法。用这种方法和孩子分享我们的神经通路，能够帮助孩子找回安全感。一个值得注意的点是，如果在孩子发脾气的时候，我们自己的情绪也被触发，当然这种情况非常常见，那么此时想要成功地产生共鸣，就会变得很难。我已经明确地阐述了这个十分重要的观点：当我们自身的神经系统处在不稳定的状态时，是没办法有效地和他人进行共同调节的。无论我们喜不喜欢，我们神经系统的状态都会影响身边的人。因此，此时强迫自己与孩子共鸣是不明智的。

共鸣是实现平静和谐的第一步，也是我们帮助幼儿自我成长的强有力的做法。父母经常会忽视孩子的行为，或想要纠正一个正处在“自下而上”状态中的孩子。如果父母能够意识到，这正是孩子的神经系统最需要联结的时候，就可以改变自己的视角，在我们张嘴说话之前，先给我们的回应“暖暖身”。就好像波格斯说的那样：“你说什么不重要，重要的是你说的方式。”

情绪共鸣是第一步，为孩子接受第二步做好了准备。接下来，我们要弄明白如何给孩子的身体预算充值。孩子的神经系统怎样才能稳定下来？如果孩子可以回答你，那么最好的方法就是问他们：“我能为你做些什么？”或“亲爱的，你需要些什么？”如果孩子没法回答，那么问问你自己：我的孩子是不是有什么他自己没有意识到的基本需求还没被满足，比如饿了或累了？他是不是需要换个姿势，比如给他一个拥抱？孩子现在需要听一些安慰的话吗？我们可以用孩子听得懂的语言，用充满共情的语调，描述或概括孩子的体验。

当孩子的情绪平静下来，你可以使用简单的词汇来帮助他理解自己的情绪以及当下的情境。这会让他感受好一些。思考一下，是什么让孩子进入了红色通路？是因为孩子得到的和预期不符吗？就像前文提到的乔丹一样，想要喝牛奶，却得到了水？如果是这样，我们可以和他聊一聊这个令人气恼的经历，比如“哦，天哪！原来你想要的是那个啊”或“哦，我也觉得这太令人沮丧了。你没打算，或你没想要 ______”。你也可以试着轻柔地提及你认为的原因，比如“哦，亲爱的，你的饼干掉了，这可真是没想到啊”，又或者“我知道这有多令人沮丧，宝贝。你真的不想现在就从聚会上离开”。重点是，认可问题的存在，用词语描述出来，客观地描绘当下的情形，并保持冷静。

我们的这番表达可以帮助孩子开始学着运用思维来理解自身的经历。我们的目的不是解决问题，而是帮助孩子感受到我们懂他此刻的感受。

实践时刻
BRAIN-BODY PARENTING

对狗叫声的恐惧

一位母亲曾经找我咨询如何帮助她的小女儿克服对狗叫声的恐惧。她的女儿还在婴儿期时被叫声特别大的狗吓到过。从此，每次听到狗的叫声，这个女孩就会哭。这是一种典型的“自下而上”的反应。在最初几次与女孩父母的会面中，我们讨论了幼儿如何克服自己的恐惧这个话题。随后当他们全家一起来访时，我们开始尝试这些策略。

首先，我将窗户打开，因为我知道这个地方经常有狗出没，然后女孩的母亲抱住她，对她说：“我们一起来听一听。”当然，我们很快就听到了不远处传来的狗叫声。这个孩子紧闭着双眼，用一只手捂住耳朵，开始小声地哭泣。母亲温柔而面带关怀地看着她，也学着孩子的样子，把一只手放在了耳朵上，进行非言语的情绪上的共鸣。

随后，这个孩子看着母亲。母亲用充满关怀的声音回应道：“嗯，是狗狗在叫。”孩子继续看着母亲，随后她脸上的神情放松了一些，把手从耳朵上放了下来。然后，她再次望向窗外。狗又叫了一次，而这个孩子再次用手捂住耳朵，同时看向母亲。母亲又做出了同样温柔而又能安抚孩子的反应，先是用她充满同理心的语气与孩子共鸣，然后回应道："是的，有小狗在叫。"接下来，当这个孩子一次又一次地等待下一次的狗叫声，捂住耳朵看向母亲的时候，母亲都会在自己的回应中引入一些词汇，比如"好吵的小狗"。几天之后，这位母亲告诉我，她的女儿在接下来的几天里，每天都会用手捂住耳朵并说"狗狗"好几次。这个孩子在对让她感到压力的事情做场景重现，并由此获得掌控感。几周之后，这位母亲说，女儿现在看到小狗不会再哭闹或捂住自己的耳朵了，她反而会兴奋地指着小狗们说"狗狗"。

这对母女之间的交流看上去十分简单，但实则复杂极了。母亲首先目睹了女儿的挣扎，然后用语言，比如"狗狗""叫""好吵"，将其表达出来。通过先共鸣后回应的情绪调适，这位母亲帮助孩子克服了自己的恐惧。当孩子再次听到狗叫声时，她就能用语言和动作来进行自我调节，比如指着小狗说"这是狗狗"，而她的行为表明，她成功克服了恐惧。

发现适合你孩子的方法

如果你的孩子处在一个"自下而上"的反应中，根据孩子的感觉偏好来设计你们之间的互动。下面是一些主要的安抚孩子的方法。

亲近度。当你的孩子烦躁不安时，他是喜欢你抱着他，还是喜欢你站在他的身边？或许，你离他稍远一些，甚至是站在房间或门的另一侧，给他提供冷静温柔的陪伴，对他来说更能感到安慰。通过试错，你总能找到适合你们的方法。

声音和情绪基调。通过你的情绪基调和嗓音，你能为孩子提供个性化的安全提示信息："你不是一个人，妈妈和爸爸在这里陪着你""我们陪你经历这一切""我不会因为你做出这么大的反应，就觉得你不好"。你的嗓音中有哪些特质，能在孩子情绪爆发时，最能安抚他？是抑扬顿挫的声音？还是安静的声音？又或者是轻声耳语？抑或是中性的？还是洪亮，有底气的声音？起作用的也许是一两个词，或仅仅是一种声音，告诉孩子"我懂你，我看见你，我们不会评判你"。

正确的抚摸。当孩子情绪崩溃时，哪种抚摸能让他平静下来？类似的例子有：轻抚他的手臂或手掌、紧紧的拥抱、把手放在他的肩膀或前额上、让他抱着安抚物，或者干脆不要有任何接触。

动作。当孩子不开心的时候，哪些动作可以让他平静下来？你的孩子喜欢被抱着或被摇晃吗？他需要一些空间自由、安全地进行自主活动吗？还是更喜欢待在自己的空间里，不太动弹？

视觉线索和眼神接触。哪种视觉支持能够帮助孩子平静下来？孩子喜欢和你有眼神的接触吗？比如看到你温柔的面庞？或者他可能需要看向一边，或需要你把视线移开。

你的语言和想法。语言是我们在彼此想法之间架起的桥梁，也是孩子们掌控自己忧虑和恐惧的工具。你可以通过观察孩子身体和情感的反应，比如紧张、平静或激动的程度，在不同情况下，尝试使用不同的词语引发孩子的共鸣。要知道，当父母告诉孩子“我们认为他们有什么感受”时，孩子们有时候可能会做出防御性的反应。因此父母需要选择对自己孩子最有效果的语言，与他们进行沟通。

关注疲劳的早期信号。在情绪上和孩子靠近些，让孩子提前从你那里“借用”你的调节能力。更专注地与孩子互动能减轻孩子的压力，有时候能预防一场火力全开的情绪风暴。

灵活的计划。如果你看到孩子已经开始烦躁、抱怨并开始有难以应对压力的迹象时，调整你对孩子的预期，并减少对孩子的要求。让孩子挑战自己极限的最佳时刻，是他们身体预算的余额充足的时候，比如睡了一夜好觉、吃了顿饱饭，以及感到安全的时刻。

在小事上给孩子掌控感。孩子都喜欢做决定，你可以根据自己的情况适当地允许孩子参与决策。比如，在厨房里，让孩子在你身边做些事情，比如玩点什么食物，或决定你们进食的顺序，也可以让他决定晚上把玩具放在哪里睡觉。给他们一些机会独立决策，让他们体会到掌控的愉悦感。

应对孩子“自上而下”行为的方法

虽然幼儿们还不具备复杂的高级思维能力，但是他们对自己身体的控制能力却与日俱增，并通过手势和语言与周围的世界互动。

当孩子感到焦虑时，她对你说："妈妈，你能坐在我旁边吗？"然后她把头靠在你的肩膀上，而不是独自呜咽或哭泣，这就是进步。日复一日，月复一月，我们回应性的互动都在帮助孩子培养这种"自上而下"的能力。

实践时刻
BRAIN-BODY PARENTING

一点一点出现的"自上而下"的能力

3 岁的詹娜哭着拒绝上床睡觉。对她来说，晚上和母亲分别一直是个挑战。她经常跟随身为音乐家的母亲一起旅行。只要和母亲在同一个房间睡觉，哪怕不睡在同一张床上，她都能很快入睡。但是在家里，詹娜每隔几分钟就要把母亲叫去她的房间，一会儿要杯水，一会儿问一个问题或提出一个请求。躺在床上，詹娜会因为需要妈妈而感到不知所措，除了不停地提要求（这是一种"自上而下"的行为），她还没有其他办法能让自己平静下来。

用思维来让自己的身体平静是一种"自上而下"的能力，对詹娜来说，这种能力尚未成熟。计划下一步的行动，做决策，比较选项，忍住冲动，这些都是需要很长时间才能发展成熟的技能。孩子们不会在某个年龄突然像变魔术一样做到这些。这些技能随着孩子的发育以及他们身边的成人提供的支持而不断进化。假以时日，孩子们能获得自己制定策略的能力，像是决定通过身体运动的方式，或用思考来解决自己的问题。

父母可以为孩子提供时间和空间去创造和尝试不同的可能性，锻炼他们正在形成的自我调节能力。我们通过感同身受地设立边界，帮助孩子感到安全，不会因为大脑的自然驱使而感到羞愧或者受到指责。我们也支持他们通过不断成长而采用“自上而下”的逻辑思维能力进行有见地的辩论，与此同时，我们也不会放弃自身的权威性和领导地位。父母可以让孩子理解，拥有不同的观点并与我们的意见有所不同是被允许的，这样，父母就认可了孩子不断成长的独立性。当父母因为孩子不赞同我们而否定或拒绝孩子时，这种行为其实是在向孩子传达：“你必须通过某种特定的表现，比如积极或顺从，才能赢得我的接纳。”

小小科学家

> 你两岁的孩子把你化妆包里的东西倒在了地上。你很想生气，但是你突然意识到对于一个幼儿来说，所有的事情都是一场实验。所以你可以这么说：“哦，天哪，你找到了妈妈的化妆品！这不是给你玩的东西，我们要不要去找点别的东西一起玩？”

你不需要表现得消极或严厉。你当然可以设立边界，但是记住，探索他们所处的环境是孩子的天性。

有控制的不良行为

> 你 4 岁的孩子把弟弟的磨牙饼干偷偷地拿走，然后躲到桌子底下吃。你很想立刻教训他，但你记起来他正处在尝试解决社交问题并理解他人情绪的年龄。因此，你没有说“立刻把那块饼干放下”，而是说“我看见你没有先问弟弟，就把他的饼干拿走了。嗯，这不是我们对待家人的方式”。此时，你也可以分享别的你想要和孩子传递的价值观。你可以继续说：“我很好奇，弟弟对此是什么感受。我们一起问问他吧。”即便他的小婴儿弟弟还没办法用言语回答他，

但是这个引导能提醒孩子，他的淘气行为影响到了另一个人，从而帮助他明白凡事不能只考虑自己。这么做的目的是留意并且向孩子传达你们的家庭价值观，或让孩子了解到刚才行为的后果，但不要过于严厉地羞辱，让他封闭自己，拒绝沟通。

孩子从弟弟那里拿走饼干，这并不是什么真正的不良行为，这恰恰是幼儿在学习世界的运转方式。孩子只是刚开始学习如何换位思考。他们时常需要我们帮助他们停下来根据身边人的反应思考自身的行为后果。孩子们想要通过尝试各种行为进行探索和学习，父母需要冷静地处理这些行为，顺应孩子的发展规律来引导孩子反思和学习。

商量，讨价还价，拓宽边界

上次，你给 3 岁的女儿吃她最爱的酸奶时，忘了把酸奶盖子留着让她自己撕开。你把撕掉盖子的酸奶递给女儿，她生气极了，执意要自己打开，还让你从冰箱里拿一罐新的给她，这样她就能自己打开了。其实，这是多么令人称赞的谈判和解决问题的能力啊！虽然再打开一罐新的酸奶可以避免一场权力的较量，但是你并不想轻易妥协。

你可以说："我知道这对你来说十分重要。上次你能自己打开，但这次不能。你为此感到失望，这很正常。"你停一停，让孩子处理你刚说的话。然后，准备好对孩子回应的情绪和语言，与她进行共同调节。如果孩子仍然在和你讨价还价，那太好了，她正在锻炼自己的辩才。能够使用语言，说明她正在扩展自己的知识和词汇量，为将来应对自身的情绪做准备，而她所使用的语言也可以成为你未来可用的素材。保持耐心并记住，即便你不同意孩子的请求，即便你没有满足她的需求，你仍然可以与她共情。当你知道满足孩子的要求对孩子来说并不是最好的方案时，此时的妥协不仅无法帮助孩子培养韧性，还会破坏韧性，因为它没有给孩子体会和容忍失望的机会。另外，我们需要明白人类都喜欢掌控感，所以我们无须通过放弃父母的权威来理解孩子的情绪和意图。

爱为幼儿注入了沟通和自我引导的能力。他们从完全仰赖他人、猜测其需求和感受的婴儿，成长为能够通过用手指和身体语言来沟通的幼儿，然后他们进入童年后期或青春期，直到他们能熟练地用语言来表达情绪和感受。这种掌控万物的感觉让人振奋和释放，然而总有些失望的时刻，让他们发现还有很多事情是自己做不到的。

游戏，一个培养“自上而下”能力的有力工具

在第 7 章中，我们讲过和孩子一起游戏时，7 字方针十分重要：跟随孩子的引领。这么做让我们了解孩子的兴趣、意图和动机。在幼儿成长的早期，所有的游戏都是探索。这个宽泛的关于游戏的定义包括从厨房的橱柜里把锅碗瓢盆拿出来，以及不停地从餐椅上一次又一次地把食物扔到地上。跟随孩子，并从孩子的视角看世界，参与他们的自主探索。让我们专注当下，并用意想不到的新方式来体验喜悦。

耐心地等待重复

幼儿很喜欢重复探索事物的运转方式。打开、关闭、拿出来、放回去，然后再重复这一切。为什么会如此？所有的人类都喜欢预测或期待接下来会发生什么，这让我们感到安全。所以反复地打开罐子，再关上，这让孩子感到满足。不仅如此，孩子还能够通过重复，学习他身边物理世界的一切。他也越来越熟悉模式，而模式识别是数学和其他推理形式中出现的技能。所以，尽量保持耐心去理解扔东西、倒东西和不停地重复，这些并不是毫无用处的，而是茁壮成长的幼儿用他们的身体和大脑探索周边环境必经的成长之路。对孩子来说，最好的可预测性来自父母稳定且可预测的情绪反应。

幼儿从婴儿期发育而来，他们从用手拍打物体，到把东西放进嘴里，再到把东西递给你，直至最后发展出人际关系中更积极的“接发球”式的互动模式。她向你展示一个球，然后你用感兴趣的目光去回应。她可能会把球递给你，然后你会说“球”，再把球还给她，看她接下来会做什么。可能她会再把球递给你或把它扔了，等着看你接下来做些什么。在感觉游戏的早期阶段，也就是孩子 6 ～ 12 个月期间，最好将重点放在这种来回的交流上，看看它会往什么方向发展，而不是在游戏中设立边界。请记住，幼儿是科学家，对他们来说，每一件事都是等着被探索的新领域。扔东西，挤东西，把食物混在一起，观察颜色的改变，这些都是从现实世界中学习的方式。

随着幼儿期的推进，游戏从感觉探索阶段发展成更加贴近现实地运用阶段，比如摇晃玩偶，或来回滚动小车。从那时起，孩子的游戏就会加入他们感兴趣的想法和主题。游戏也成为我们了解孩子的最佳方式，可以发现他们的想法、担心、好奇和忧虑。

这也是我选择了以游戏为基础的方法来帮助在幼儿园遇到困难的乔丹的原因。乔丹的父母明白童年早期的经历对他的影响。当他没有得到足够的共同调节，自我调节的能力就会减弱。所以，帮助他培养控制自身行为最好的方法不是给他设立更多的规则，而是在游戏中帮助乔丹练习自我调节的能力，并学习面对失望时该如何控制自己的反应。乔丹需要很多游戏和日常的共同调节来帮助他建立起“世界很安全”的信心。这样的练习，在乔丹的婴儿期和幼儿早期是缺失的。最终，在乔丹父母坚定的支持下，乔丹成为一个受人喜爱、被人尊重的小学生，他找到了安全感，并取得了成功。

乔丹的亲身经历充分证明了游戏在帮助孩子理解并探索自身世界和情绪方面的重要作用，同时也有助于他们发展自我调节的能力。通过互动和游戏，我们给予孩子机会，让他们学会用语言去应对和容忍各种不适。这样，孩子们便能逐步发展出更强的自我调节能力，学会表达自己的感受和需求，而非直接崩溃。当孩子们带着共同调节所铸就的稳固基础离开幼儿期时，我们便能找到一系列有效的方法，引导他们理解身体向大脑发出的不同信号和反馈。这将是我们在第 9 章中探讨的主题。

培养韧性的建议

当父母满怀期待，根据孩子的发育阶段提供恰当的挑战和合理的支持，鼓励他们管理自己的情绪和行为时，孩子们便开始逐渐培养起自我调节的能力。而探索性的游戏正是我们所能提供的最自然、最有效的支持方式，帮助他们在这一过程中稳步成长。

BRAIN-BODY PARENTING

第 9 章

动荡的小学期：提高心智灵活性，学会自我调节

畅快地玩，不要分析或解决问题

让你的情绪为你服务，而不是给你添堵。

——克劳德·斯坦纳（Claude Steiner）

有时候，我们总想着为孩子提供丰富的资源，如玩具、家教辅导和优质教育，以期望他们未来生活能更加安稳。诚然，这些资源都极为宝贵，但身为父母，我们肩负的最核心的使命是确保孩子情感上的健康与稳定。为此，我们应着重培养他们一个至关重要的品质——灵活性，即面对人生种种要求和挑战时，能够灵活变通，采取不同应对策略的能力。这种灵活性，正是帮孩子塑造韧性的基石。

当我在童年时期面临情绪挑战的时候，我的父母经常安慰我，告诉我没有什么好怕的，也没有什么好担心的。像那个年代的很多父母一样，他们认为最好的方式是用理智赶走或忽略消极情绪，而不是把它们看成值得重视的信号。当我的孩子们还小的时候，我采用了另一种方式：我和她们进行共同调节。如果她们中的一个人被同伴拒绝了，我会充满关怀地倾听。现在她们已经长大成人了，令我欣慰的是，她们比曾经处在同一年龄段的我来说，要灵活、有韧性得多。

当孩子年幼时，我们可以通过共同调节的方式来帮助他们。当他们长大些时，另一件重要的事就出现了：帮助他们获得管理自己身体预算的能力。在本章中，我们将重点讨论通过游戏与谈论情绪，帮助孩子们成为灵活的问题解决者。

学龄儿童已经拥有了他们幼儿期所习得的所有能力，但是他们仍然需要发展另外一些能力，以便应对未来生活所需。幼儿期过后，当孩子入学和同龄人交往时，他们就会遇到新的需求，并越来越了解自己。这是一个伴随着挣扎以及各种感受的过程，而这些感受往往会触发让父母感到困惑以及不安的行为。

在本章中，我们将重点讨论如何培养“自上而下”的技能，包括思考、解决问题，以及应对各种不确定性所应具备的灵活性，这些都需要建立在信任和安全感的坚实基础之上。我们可以引导孩子们学会用他们的头脑帮助他们的身体，支持他们为自己辩护。我们的目的并不是教会孩子记住每一个问题的“正确”反应和答案。**我们需要教会他们如何自助，并发展心智灵活性，用自己的大脑来安抚以及指引自己的想法。**

艾伦和卡米拉正面临着孩子们手足相争的问题。7 岁的米拉和 4 岁的利奥经常无休止地为了玩具或其他事情吵个不停。父母形容米拉是个敏感的孩子，她喜欢上学并且表现得很好。在学校，她经常协助老师一起帮助其他同学。她喜欢可预测的、有规则且有体系的事物。

米拉每天回到家后的时间，用她父亲的话说就是“一切都乱套了”。利奥一见到姐姐米拉回来，总是兴奋地迎上去，然后从她的书包里翻出几张纸，一边奔跑一边撕扯。米拉看到自己的作业本或精心创作的艺术作品被弟弟撕得粉碎，顿时泪如雨下，大声哭闹。她跑去向父亲告状，父亲便开始追赶利奥，而利奥却把这当成了一场欢乐的游戏。

终于，米拉的情绪失控了，她用力推开弟弟，抢回了属于自己的东西。可想而知，利奥立马被吓得大哭起来。几次“大战”之后，米拉渐渐找到了一个应对的方法：她开始变得强势起来，时刻留意着弟弟的一举一动，试图控制局面。然而，家里的气氛也因此变得异常紧张，姐弟俩的争吵声此起彼伏，家里仿佛成了永不停歇的战场。

我安抚了这对父母，向他们解释姐弟间的争执其实很正常，尽管它是生活中一个充满挑战的部分，但也有着其积极的一面。兄弟姐妹在相互协作中能够解决问题，为彼此提供了宝贵的学习机会。然而，我注意到米拉和利奥家中的氛围略显沉闷，两个孩子在解决冲突方面尚显稚嫩。因此，我建议对姐弟俩进行单独的评估，以找出能够帮助他们扩大挑战区、提升问题解决能力的建议，进而在姐弟相处中引入更多的和谐与欢乐时光。

经过深入观察，我发现利奥和米拉都需要通过游戏来培养面对挫折的坚韧和用言语化解冲突的技巧。对于米拉而言，她需要一个更为直接的方法——运用“自上而下”的理性思维去理解和处理“自下而上”的情绪感受。她正在学习解决问题的策略，包括积极的自我调节和言语表达来应对挫败感，寻找解决方案，并逐步锻炼自己的社交与情绪管理能力。

我向这对父母详细阐述了我的方法，当他们了解到孩子们的行为其实是非常普遍和正常的现象时，终于松了一口气。我提议从游戏开始，逐步引导孩子们在玩乐中学会应对挑战和冲突。这是培养孩子解决问题能力的最佳方式，但也是最容易被忽视的途径。

假装游戏：给孩子全面发展的养分

在与儿童和他们的父母一起进行治疗性游戏的几十年中，我学到了很多重要的经验：当我们在游戏中跟随孩子的引领，游戏就会告诉我们孩子在想什么、担心什么，以及他在哪方面需要额外的支持。游戏是一种自然又有效的方法，可以逐步培养起孩子的执行和思辨能力。它是孩子们从零开始构建自身能力的重要途径。**如果你尝试和孩子聊聊他所面临的困境，却没有什么进展，那么和孩子一起玩有可能是最佳切入点。**

游戏所蕴含的发展动力无比强大，正因如此，美国儿科学会最近建议所有儿科医生在接诊健康儿童时，不妨为他们开具一份“游戏处方”。我亦多次亲身体验到游戏的神奇力量。游戏不仅教会孩子们如何表达自己的感受，还让他们在安全的环境中模拟应对各种情况和冲突，从而学会解决问题的方法。这种被称为“父母介入的游戏”的方式，在帮助孩子应对兄弟姐妹间的争执、焦虑等日常挑战的同时，还能有效应对更为复杂的困境，如压力、创伤、重病甚至失去亲人的痛苦。

游戏能够帮助孩子发展那些我们希望他们拥有的执行能力。一份儿科临床报告指出：“与父母及同伴之间开展符合孩子发育阶段特征的游戏，能提高孩子的社交情商、认知能力、语言能力和自我调节能力。而这些都能帮助孩子发展出执行功能以及一个亲社会的大脑。”

亲社会的大脑可以让一个人更愿意协作，并从他人的角度看问题和解决问题。这种能力能够帮助像米拉和利奥这样的孩子理解并且处理手足之间的冲突。一个亲社会的大脑也能让孩子融入学校的学习和体育活动中，参与小组项目，参加团队运动，并应对往后的高中和大学里更复杂的社交生活。

另一项研究发现，那些在课间有更多游戏时间的孩子能够更好地克服困难，应对错误和变化。高质量的课间休息对孩子的执行功能，如专注力、计划能力和有效解决问题的能力，以及自控能力、积极的课堂表现、韧性都有显著的帮助。

长久以来，我的观察告诉我，会玩的孩子更加开心，压力更少，并且在解决问题的过程中更加富有创造力。让我们记住这些益处，一起来看看如何将这些有益的游戏方式带入你的家庭生活。

如何将游戏融入生活

为孩子预留游戏的时间

如果你的孩子还没有入学，那么一定要确保孩子一天的生活中有大量的自由玩耍的游戏时间。帮助年幼的孩子学着解决问题和自我调节的，不是有组织的教学，而是游戏本身。如果孩子的学校没有把游戏作为重点，那么试着尽量为孩子们提供与同伴或亲人游戏的机会。在确保孩子安全的前提下，你可以退后一步，尽量不要去打扰他们。孩子们在不被约束、不被打扰的游戏中，练习自己解决问题的能力。他们需要时间去实验以及探索什么方法能奏效。这样，他们从小就能培养创造力，并对自己的能力充满信心。我最近观察了一个 18 个月大的女孩的自主游戏，我一直搞不清楚她到底想做什么，直到我发现她把一些玩具按照餐桌的样子摆放在桌子上，然后骄傲地对自己说："太棒了！我做了一桌菜！"独立的游戏和探索能够培养韧性，放手让孩子们去玩吧。

你还可以和孩子一起参与另外一种互动游戏——假装游戏，也叫作象征性游戏，也就是孩子们把玩具或者他们自己当作角色或参与到他们自导自演的情景剧中。假装游戏是了解孩子内心世界独特而又神奇的窗口。

父母介入的游戏

我很幸运从心理学家维德尔那里学到了父母介入游戏的知识，也就是父母怎么与孩子一同游戏。维德尔是世界上研究父母游戏疗法的顶尖专家之一。她让我看到了在游戏过程中信任带来的价值，并始终牢记：跟随孩子的引领，然后看看一切将如何发展。

和同龄人一起玩耍有很多好处，比如可以激发学龄前儿童的认知发展。独立游戏则可以帮助婴儿和幼儿通过探索世界来了解自己的身体。然而，父母介入的游戏则让我们能够用孩子最自然的第一语言，以一种亲密的方式去了解孩子。这种游戏提供了一种非侵入的方式，帮助孩子探索一系列自然而又合理的情绪，像是生气、嫉妒、同理心、快乐以及竞争。

下面是一些父母介入游戏的做法以及所需的物品：

- 给自己一段时间，全心全意地与孩子在一起。如果孩子正遭遇苦恼，一般来说 20 分钟就可以让主题浮出水面。如果你能忘掉脑中的待办事项，放松地、好奇地、自省地，并且愉悦地加入游戏，那么你就为孩子开启了一扇大门，让他用自己的方式与你分享他的世界。
- 玩具：如果条件允许，在手边准备一些简单的玩具。它们不需要多么花哨，当然，玩具也不是必备之物，人才是孩子最好的玩具。孩子们拥有丰富的想象力，而如果我们允许自己改变角色，那么我们自己也可以成为一个“玩具”，比如一只猫或一头狮子、一位公主或一个国王。曾经找我咨询的一个家庭非常有创造力，他们用旧袜子做了个简单的玩偶，用纽扣当眼睛，用线缝出了嘴巴。孩子们很大方，用袜子给我也做了一整套的玩偶之家。我一直珍藏着，之后几年来到我咨询室的孩子用它们扮演了不同的角色。桌游和拼图虽然是很有意思的游戏，但是它们不像简单的玩具，能激发孩子脑中的情绪主题，如果你喜欢的话，我也推荐你把它们当作一项家庭活动。
- 动物玩偶（填充玩偶或者其他的都行）：除了像泰迪熊或小狗这种友好且没有威胁性的动物玩偶，准备一些不那么温和、更凶一点的动物，比如大狗、熊、老虎，甚至恐龙，也会很有帮助。这些动物可以是小模型、布偶、塑料或者木制玩具，只要能让孩子感兴趣，并且能激发他们不同情绪的玩具都可以。不要只准备可爱的猫咪或者小狗，因为一只玩具狮子或山猫能让孩子探索安全与威胁的主题，而这些是所有人类都会面临的感受。如果一些人形玩偶看上去过于写实，一些孩子可能会不愿意加入游戏，因为这可能会让游戏和现实过于接近。因此，用动物玩偶的好处就在于，它更容易让孩子进入假扮角色，因为它们与孩子们的个人经验有一定的距离，而与此同时孩子们又仍然可以把自己的情绪投射到其中去。

- 没有生命的物件，像是汽车、卡车或者火车等：玩这些玩具也能唤起一些想法和主题，并且为孩子提供表达自己内在想法的路径。汽车和卡车也可以有“感情”、相互竞争、出去探险、去上学或者去奶奶家玩，甚至与彼此冲撞。换句话说，孩子也可以为它们注入人性。当然，很多孩子就只是单纯地喜欢玩这些玩具而已。
- 人形或者超级英雄玩偶：比如一个小男孩或小女孩，或者性别更加模糊的玩偶，如婴儿玩偶，或其他微缩人形玩偶。如果有可能，找一些假扮母亲、父亲、宝宝和兄弟姐妹的玩偶。一个简单的玩偶之家会有所帮助，但也不是非有不可。你也可以从厨房里找些道具，比如纸盘子、塑料勺子、小碗等。把它们当成日常的道具，引导孩子在游戏中“成为”母亲、父亲、小宝宝或者兄弟姐妹。

值得一提的是，这类游戏在发达国家有着更多的研究和基础。与本书中的所有内容一样，尊重你自己的直觉、文化以及价值观是最重要的。如果我在这里描述的游戏方式与你的信仰或价值观有所冲突，那么它们可能并不适用于你和你的孩子，这十分正常。人们对于游戏的兴趣是多样化的，随之而来的益处也取决于我们的个体差异、文化价值以及规范和信仰的多样性。

别有压力，每天就玩几分钟

所有的父母都过着忙碌的生活，即便如此，每天不被打扰地和孩子玩上 5 分钟，都可能意义深远，随之而来的收益也会随着时间的累积而增加。此外，如果你能满足一下自己内心的小孩，你也会从中收获愉悦、抗压以及抗炎等好处。根据孩子的年龄和发展阶段，游戏的形式和感觉也有所不同。对于一个青少年来说，游戏可能意味着你们一起逛商场时的悠闲，或坐在咖啡店里，一边吃美食一边聊天。但这一切都要从假装游戏开始。

假装游戏的好处之一就是让我们在游戏中更容易发现孩子的想法，而非直截了当地向他们询问一些敏感话题。比如，当我遇到米拉的时候，她的父母让她和我说说前天晚上推弟弟的事情，她立刻露出不好意思的神情，然后只是说："我忘记了。"很显然，这个问题让她感到尴尬。虽然我知道她的父母是好意，但是他们却激发了米拉的羞耻心，而这不是获取有用信息的方法。米拉正处在使用语言来描述自己行为和意图的早期阶段，所以我很快就意识到，我们应该从游戏开始。

跟随孩子的引领

当你准备好一些简单的玩具，并且给孩子预留好一起游戏的时间之后，你就可以坐下耐心地等待了。别忘了我们在第 7 章中探讨过的 7 字方针：跟随孩子的引领。观察孩子在与你共处的时间里都做了些什么。他可能根本就没有玩你准备的玩具，而只是简单地和你说话或者问问题。这很好，听他说些什么。当你不被其他事情烦扰，全心全意地和孩子相处时，你会自然而然地学到很多东西。

如果孩子拿起了一个玩具，别试着去主导游戏，而是跟随孩子的引领。一定要抑制住自己问问题的欲望，尤其是那些你已经知道答案的问题，比如“你知道这个动物叫什么名字吗？”“这辆车是什么颜色？”“你有几只玩偶小狗啊？”在游戏中，我们的目标并不是教会孩子某些具体的概念或知识，而是让孩子探索自己假扮出来的世界，也就是说，在想象的层面进行体验。这是孩子们自然而然会做的事情。所以，等等看你的孩子会对拿起的玩具做些什么，然后当他与你互动时，加入并与他互动。

也有可能孩子会拿起一只猫咪，然后放在自己的腿上说“这是妈妈”，然后递给你一只猫咪宝宝。或者，他会拿起一辆车，也递给你一辆。你们的游戏就此开始了。这就是你进入角色的信号。有可能你的猫咪会“喵”地叫上一声，也可能你的猫咪会哼哼两句。让孩子知道你已经加入了他们假想的世界。现在，魔法就要发生了！

等等看孩子接下来会做什么。如果你的孩子用自己的角色说点什么或做点什么，你需要做出回应。比如，她的猫咪说了句“再见”，那么她可能要开启一个新的游戏主题了。一只猫咪、一辆车，或其他别的角色说“再见”，都会唤起一个关于分离的主题。如果这个主题不断重现，那很有可能你的孩子正在情绪上应对如何与你或他人分离。也许你可以用你最好听的猫咪叫声喵喵地表达“再见”。沉浸在角色中，这样孩子也会投入其中。通过自发的游戏，根据孩子的需求，从不同的角度支持他。等等看，他的角色要做什么，然后在这个主题之下，对孩子做出回应。

一点一点地拓宽游戏的主题

当你继续跟随孩子的引领时，你也可以拓宽或加深游戏的主题，进而更多地了解孩子。你可以抛出一个问题或者反思。请记住，问题的答案不应该是你已经知道的，而是有待孩子去创造的。不要问“这只猫是什么颜色啊”，而是模仿猫的叫声说“喵，小猫咪，你要去哪里呀”，这样就可以拓宽游戏的边界。你需要通过问问题来更好地了解孩子的想法。比方说，你的孩子回答“我要去上猫咪学校”，那么你就又成功了！现在你就知道了更多孩子的想法：学校。

从这里开始，继续拓展，耐心地等待接下来会发生什么：猫咪去了学校吗？还是它不愿意去？在学校里发生了什么？让猫咪引领着剧情发展下去。有可能孩子会给你一只大一些的玩具猫，让你当猫咪老师。也有可能她会给你一只小一些的玩具猫，她自己当老师。这些都是进入孩子内在世界的窗口。跟随孩子的引领，看看老师让猫咪学生说些什么、做些什么呢？当然了，这里没有对与错，探索本身就是有价值的，重要的是留在你所扮演的角色里面，不要从游戏中出来。不要突然问“亲爱的，你怕上学吗”这种话，跟着孩子的引领，继续玩这种假装游戏。游戏过后，可能是某次散步，或你俩一起做点什么放松的事情的时候，你再问你想问的问题。**当我们和孩子玩的时候，我们要让假装游戏神圣化，不要让孩子从游戏中出来。**

孩子会在那些对他成长有帮助的主题上花功夫。这也是游戏如此有用的原因。孩子们会有意或无意地把自己正在努力学习的事情在游戏中表现出来。

需要说清楚的是，我并不建议父母成为孩子的游戏治疗师。你的父母，无论多么爱你，可能也没有这么和你一起玩过，我的父母也没有。如果假装游戏让你感觉怪怪的、生硬或不舒服，也不要强迫自己这么做。随着时间的流逝，你可能会越来越适应这种方式。但如果这就是不适合你，那么就忽略它吧。

如果你真的去尝试了，可能会发现游戏提供了一种安全而又愉悦的与孩子进行联结的方法。同时，它也提供了一次与孩子一边玩，一边发现他们兴趣和担忧的机会。别想着要在游戏中解决孩子身上的什么问题，单纯地观察孩子在玩什么，以及他给你分派的各种角色。这就是游戏的魔力所在：**孩子能够在自己构建的模拟世界里，试验现实生活以外的各种概念、想法以及情绪，而这个模拟世界对成长的助益不容小觑。**

游戏可以是某种情境再现，它能够帮助孩子有意识或无意识地演练某个新问题的解决方案，或者只是单纯地让自己熟悉某件事，就像孩子重演去医院打针这个常见的主题那样。这是一个疗愈的过程，通过强有力的重演，最初令人害怕的事件就变得不那么令人畏惧了。

不要害怕消极的主题

儿童在游戏中会遇到各种消极和积极的情感主题，这是非常自然的。事实上，这是一个好迹象，表明孩子正在积极处理在现实生活中不容易处理的消极情绪。作为父母，你可能会忍不住想要利用这个机会来教育你的孩子，尤其是如果出现打人或者其他带有攻击性的行为。但是，我鼓励你克制这股冲动。孩子们在这种游戏中的攻击性并不会让孩子在生活中变得更加鲁莽。所以，当你们一起玩的时候，尽量避免说教，像是“你知道，猫咪打小熊不好”，观察孩子所扮演的角色的所有情绪，并且把他们看成是健康范围内的情绪表达。

在理想的情况下，游戏会带出各种不同的主题，从关怀和共情这类积极情绪到更加消极的情绪，像是争斗、嫉妒、生气或难过。这是所有人都体会过的情绪。在真实生活中，比如在学校和社会，孩子们时常被迫为表达自己消极的情绪而感到羞耻，而表达积极的情绪则会得到奖励。在游戏中，我们应该平等地对待所有的情绪。这是向孩子传达“感到生气、嫉妒、难过或开心都很正常”的一种方式。当然，你也需要以身作则，向孩子输出这种价值观，帮助他学着在游戏之外如何用行动来应对这些情绪。我们希望孩子能够平和地对待自己，理解所有的情绪都是合理的，而不是把某种情绪看成是“好的”或“坏的”。

下面的几个案例都表现了游戏的强大力量：

一个有慢性病的孩子非常喜欢和他的毛绒玩具玩医院主题的假装游戏，他会假装用救护车送一些动物去医院。他给不同的动物分配了不同的角色：医生、救护车司机和病人，重演他所经历过的场景，并且在病人和医生之间进行角色转换。这些都帮助他释放了生病带来的压力。

一个父母正在闹离婚的孩子，在我的游戏室里建立了不同角色的“家”，有枕头和娃娃家具。很明显，她正在预演即将到来的场景，搬离他们一家人现在一起住的房子。

一个受到校园欺凌的孩子，通过让恐龙玩偶相互战斗，再让超级英雄消灭恶势力的方式来释放自己。在游戏中，他化身为超级英雄，体验拥有力量的感觉，为他提供了一种缓解上学焦虑的方法，也帮助他模拟和练习如何解决问题。

一个在车祸中幸存下来的孩子，不断使用小汽车玩具重演车辆相撞和从噩梦中惊醒的场景。她甚至在我的游戏室里寻找与她出事时乘坐的车型相似的玩具车。孩子的游戏触动了母亲内心的痛楚，她请求我扮演她的角色，这实际上也是她自我关怀的一种表现。在反复模拟车祸现场的几个月后，这个小女孩的假扮游戏逐渐引入了新的主题。她在游戏中已经处理了自己的创伤，这些创伤在她心中不再占据主导位置。这种变化也在她的家庭生活中得到了体现：她的睡眠得到了改善，噩梦也逐渐消失了。

BRAIN-BODY PARENTING

脑身教养法要点

好好享受游戏

通过游戏，孩子们可以扮演、重演和体验很多不同的角色，然后通过角色互换，就能尝试了解同一个问题的不同方面，让他们能够更好地理解自己和他人。游戏是一条通往创造性表达和解决问题的路径，它为孩子提供了能够表达各种情绪的空间。在这个空间中，游戏中的人物可以毫无压力地体验愤怒、哀伤、嫉妒、快乐和关怀，而这些都是人类情感体验中不可或缺的部分。我们把游戏称为神经训练或大脑练习，因为它给孩子创造了安全地处理不同感觉、情感和想法的机会。

在游戏中，孩子正在提升谈论自己情绪和想法的能力，为将来做准备。这些情绪和想法往往与现实生活中某些让他们感到压力或开心的事件有关。我们希望通过游戏支持和加强孩子的这种能力，因为这正是童年最自然的语言。

不过，我在此要做一个非常重要的声明：如果你和你的孩子在做游戏的过程中并不享受，或者你感到这种类型的游戏正在消耗你或孩子的身体预算，那么它对你来说可能没用。这也没关系。如果你对游戏中的主题可能会激惹你的孩子而感到担心或害怕，又或者对游戏中可能会出现的主题感到万分不安，那么你可以联系一个熟悉发展性游戏的治疗师。记住，游戏不应该加重你的负担，也不应该对你和孩子的关系造成压力。

游戏对于父母和孩子来说，都应该是有趣的。不要分析、解决问题，或说教。没错，你能从和孩子的游戏中学到一些事情，但是真正的益处其实是一起畅快地游戏，把你全部的注意力都给孩子，并且心无旁骛地享受陪伴带来的欢愉。这对孩子来说是珍贵的礼物，尤其是在当下这个日程安排过满、以学业为重的世界。

用游戏培养孩子的自控力和合作能力

我通过观察家庭成员在游戏中的互动来了解他们。我观察到米拉和利奥一家人一起游戏的时候，利奥一开始有些迟疑。米拉和父亲开始探索房间，而利奥就待在母亲身边。没过多久，利奥也开始四处瞧瞧，爬上了给幼儿准备的滑梯。然后，他开始研究我的那个被无数个孩子当成咖啡馆、医生诊所、宠物诊室、学校、幼儿园或者市场等其他场所的玩具屋。这就是游戏的魅力，孩子们能把玩具或者物品变成自己想要的东西。一个玩具屋，或者一个大纸箱，就能被孩子想象成无数不同的场所。

米拉决定把这个玩具屋当作一间麦当劳，并雇佣利奥当厨师。利奥欣然同意了，他显然很高兴姐姐给自己分派了任务。米拉让她的爸爸妈妈艾伦和卡米拉当顾客。他们假装是饥饿难耐的顾客，点了些特别的料理。看到这家人轻松地进入角色，我立刻意识到游戏作为媒介来帮助他们家庭的巨大潜力。游戏能让孩子们探索自己的不同方面，如情绪、担忧和冲突。

他们家的角色扮演和相互合作会在某个无法避免的冲突发生时戛然而止。这通常在每次咨询快要结束，大家都感到舒服并放下防备的时候发生。麦当劳点餐游戏玩得有点儿厌倦了，米拉走到房间的一个角落。在那里，她发现了一个装着玩具青蛙的桶，她开始把青蛙摆成一个圆圈。她还没玩多久，利奥就跑过来，抓起其中几只青蛙。“他把我的青蛙圈圈弄坏了！利奥，不可以！”米拉开始大喊，并哭着看向父母寻求帮助。父母二人试着从中调解，但是利奥已经抱着青蛙跑去诊室的另一个角落。

在接下来的几次会面中，这对姐弟之间的矛盾不断以同一个模式发生。一开始，两个人会友好地一起玩一会儿，然后利奥会突如其来地做点什么触怒米拉，再然后，米拉开始哭，又气又恼地让爸爸妈妈帮忙，或者生气地把玩具抢回来。我建议这对父母继续支持孩子们自己解决问题，而我也让他们把两个孩子分别带来咨询室，这样我就可以好好地关注每个孩子的个体问题了。

我希望能够关注每个孩子的挑战区，帮助他们提高解决问题的能力，用更好的方式来解决争斗和争吵。我的目标并不是要消除手足之争，而是帮助两个孩子增强对挫败的容忍度，并提高用语言和彼此有效沟通的能力。由于米拉和利奥所在的发展阶段差异很大，因此，面对利奥，我采用了适合他的“自下而上”的游戏策略，而面对米拉，我则采用了“自上而下”的解决问题的方法。

利奥：用游戏增强姐弟之间的互动与合作

当米拉不在的时候，利奥的合作度要高得多。这合乎情理，因为此时他和父母玩儿得很好，也没有任何与姐姐相关的竞争和压力。为了朝着利奥可以适应的“恰到好处”的挑战区迈进，我鼓励他们拓展游戏的主题，用玩乐的方式为他制造一些体验挫折以及增强容忍度的机会。

因为利奥特别喜欢玩那桶青蛙，我让他的妈妈假装成姐姐或小伙伴，拓宽利奥游戏主题的同时，加入一个适当的压力因子。如果利奥扮演的是青蛙宝宝，那妈妈就是青蛙姐姐；如果他是青蛙父亲，那妈妈就是青蛙孩子。我教利奥妈妈用游戏的方式挑战利奥，以便帮助他练习自我控制的能力。在游戏中，利奥可以调换自己的角色。

如果利奥本来是一只小青蛙，那么妈妈就会拿起另一只青蛙，变成小青蛙的姐姐。青蛙姐姐会半开玩笑地做些惹恼利奥青蛙的事情。比如说，偷一些“假”食物，然后带走。这样做就可以让利奥用安全而有趣的方式启动自我调节的能力来应对这个情形。如果利奥需要帮助，他的妈妈和我就会变成教练，帮他转换角色。

在最初的几次会面中，每一次当妈妈扮演的青蛙姐姐从利奥那里拿走一些东西的时候，他都会立刻把东西抢回来，甚至会攻击青蛙姐姐。而在第三次会面时，妈妈假装的青蛙以温柔的方式鼓励他试试另一种不同的回应。妈妈看着青蛙问道："小青蛙弟弟，你想不想对我说点什么？""嗯！"利奥说，"不要拿走我的食物！"成功了！他用语言而非简单的肢体动作解决了这个问题。这对幼儿来说是很大的进步。利奥的青蛙成了自己的辩护人，并且能用语言与违反规则的青蛙交谈。从本质上来说，利奥象征性地成了自己的姐姐，而他能通过假装游戏来预演在家里出现的问题，并在游戏中锻炼了自控力。游戏给孩子们提供掌控感，并感受到自身的力量。难怪他们那么爱玩儿！

这种方法比指责或让他去站墙角等方法有用多了。**游戏给利奥提供了机会，让他可以调换角色，尝试不同的方法，以及为自己代言发声。**通过游戏，利奥有机会体验并培养自己的抗挫折能力和解决社交问题的能力。游戏用一种自然且符合孩子发展特点的方法，让孩子锻炼使用语言和词汇的技能，并提升情绪管理能力。因为游戏允许孩子在不同的场景中，用有趣而没有威胁性的方式，尝试体会身体内不同程度的冷静和烦躁等情绪的状态。

米拉：发展"自上而下"的理解力，表达"自下而上"的情绪

对于米拉来说，她的游戏能力已经很厉害了。当她与父母和我一起玩儿的时候，她的互动是复杂的、细致的，而且水平相当成熟。她可以进行角色转换，成为一名母亲、老师、孩子或者婴儿。她在游戏中的角色非常灵活，这一点并没有让我们感到吃惊。她喜欢掌控全场，喜欢扮成老师或者父母，温柔地教导游戏中的孩子，并且在她感到安全且不被威胁的时候，可以表现出自控能力。

即便她可以和爸爸妈妈一起玩，但当她和弟弟相处的时候，也很难调用自己解决问题的能力。这告诉我，她已经做好准备，在事情变得复杂难搞，像是当利奥攻击她或者抢她东西的时候，学习并练习使用“自上而下”的方法来理解自己“自下而上”的感觉。我们的工作转向帮助米拉开发出应对挑战和解决内部冲突时的强大工具，也就是用我们的思想来改变情绪、态度以及行为。父母希望孩子能在行动之前考虑清楚自己要做什么，并能用父母教给他们的价值观指引他们的决定。父母还希望帮助孩子理解自己身体的信号，珍惜从情绪中学到的与之相关的一切，培养孩子“自上而下”的思考能力。

情绪粒度，孩子的另一个有力工具

当孩子能够通过思考使用不同的方法来解决问题时，那么他在生活中遇到问题时，就有能力找到更多的解决方案。父母希望孩子们的工具箱里有尽量多的工具，而不只是那么一两个。我们帮助孩子创建工具箱的方法，就是帮助他们与自己的神经系统成为好朋友。

觉察身体的感觉

我们可以通过帮助孩子们聆听自己身体的感觉，使用自我关怀的方式理解这些感觉，进而帮助孩子提高自我调节的能力。帮助孩子觉察自己身体感觉的第一步就是慢下来，一起保持正念。这对于年幼的孩子来说，要比成人容易得多。当你有几分钟的时间，并且感到自己处在绿色通路时，和孩子一起坐下来，跟随他们的引领。孩子总能对我们认为理所当然的事情感到惊奇。如果你家附近有树木、叶子、花花草草，和孩子一起散散步，或者只是坐下来，看看孩子会注意到什么。如果你离自然景观比较远，只要留心，我相信你能在人行道上的裂缝和天上白云的形状中发现惊喜。

我认识的一个孩子，特别喜欢和我坐在马路边看着蚂蚁爬来爬去。有一天早上，她开始一个一个地指着小蚂蚁，我们坐在一起，专注地享受当下的时刻。这种有意识的陪伴就能为内感受打下根基。花几分钟，看看你的孩子在没有你干预的情况下注意到了什么。就这么待一会儿，孩子会对自然界感到敬畏。而我们需要做的，只是为他们活在当下提供机会，并在这个过程中让自己拥有更多的正念。

当我们在日常生活中分享当下的体验时，实际上是为孩子树立了一个生动的榜样。让自我觉察成为家庭对话的常态，每当感受到某种感觉时，试着将其与特定的心情、情绪甚至状态相联系。这样，孩子就能观察到你如何将生理感受与具体的词汇对应起来，从而学会将身体反应与内心思绪相结合。我们的目的并非用自身的恐惧和焦虑给孩子增添压力，而是展示给他们看，我们的感觉与情绪是我们应对这个瞬息万变世界的强大工具。如果你对此尚不习惯，那么我所建议的这一点，已是你迈向更好地管理自我情绪健康的第一步。这样的改变，不仅对你自身有益，也将为孩子带来深远的影响。

你和孩子正坐在车上，这时，一辆鸣笛的消防车离你们越来越近，然后超过了你们。首先，把这种感觉和你的生理反应联系起来，比如你可以说“我注意到警笛，声音可真大”，然后问你的孩子“你注意到了什么？”“警笛的嗡鸣声让你有什么感觉？”，孩子可能会跟随你的引导说出某种感觉、情绪，或两者皆有。如果他没有表达，也没关系。接下来，如果在这个情境中你成功了，那么你可以把生理上的感觉和你成功调节了的情绪联系起来，你可以说“我感到有点害怕，但是它现在开过去了，我就没那么害怕了”，这样，你刚刚就在为孩子示范了“从感觉，到感受，再到情绪”的转换过程。

在客人来吃晚餐之前，你刚把锅烧糊了。你描述这个让你觉察到自己感觉的时刻：“哦，我闻到有东西烧焦了！”然后，如果你并没有感到崩溃，那么接下来就能为孩子示范培养韧性的行为，展示心智灵活性以及当下思考的能力。你可以对孩子说：“我现在要发挥我的创造力，做些别的食物。谁想帮我看看冰箱里还有哪些食物可以吃吗？”

当你在超市门口停车的时候，另一辆车抢在你的前面，占了你耐心等了好久的车位。“哇，我本来一直耐心地在这里等，但现在我的心跳加快了（或者用别的、更加准确的描述你感觉的词语），我开始有点儿生气了”，把你的感觉和情绪联系起来。然后，你可以示范自我调节，对孩子们说：“哎，这种事总会发生的。在我们去超市之前，我要先做几次深呼吸，让我的身体平静下来。”

当你觉察自身的感觉，并且接纳你自己的积极和消极的情绪时，你不仅提高了自己的情商，也为孩子做出了强有力的榜样。孩子们想要像父母一样，而当孩子看到你用自我接纳的方式述说自己的经历时，孩子们也会看到你在拥抱心智的灵活性，同时也激发了韧性。

除以身作则之外，你也可以开始询问一些温和的问题，帮助孩子把他们的感觉和情绪联系在一起。比如，孩子要在班级里做演讲，他向你描述自己感到紧张不安，你可以告诉她，这些感觉是她的身体帮助她做好演讲准备的信号。我们能够帮助孩子把神经系统产生的感觉重新理解成身体为孩子完成某件事情做准备的信号。如此，他们就已经在情绪调节方面先人一步了。

如果你看到孩子的神经平台开始有所变化，你可以帮助他聆听自己的身体，问问他："亲爱的，我想知道你的身体现在感觉如何？""你是不是感到肚子、心脏、头，或哪里有点儿不舒服？"为了了解情绪的核心，你可以问问孩子他的身体是不是有什么部位正在和他"说话"。如果孩子能留意到这种感觉，那么可以继续了解这种感觉是愉悦的还是痛苦的。接下来试着让他更进一步，用不同的词汇来表达像是担心、焦虑、害怕或哀伤等情绪。

将感受与词语匹配起来

当孩子们能观察自己神经平台的状态时，他们就获得了自我控制和自我调节的能力。再次强调，停下来观察我们自己和孩子，是作为父母与孩子共同调节的关键。我们希望孩子们能学着为自己这么做。我们的目标是帮助孩子学会带着好奇心和不带评判的态度认识到自己何时脱离了自我调节的状态，并且学着往他们的工具箱里增加或者启用更多的自我调节的工具。由于美国的文化普遍轻视消极情绪以及被看成是破坏性或"寻求关注"的行为，孩子们常常感到自责。老师们会用奖励贴纸来奖励那些积极听话的孩子，而会给那些不听话的孩子记上一笔或找他们的父母。我们的社会对于消极情绪和肢体动作存在偏见，而消极情绪和肢体动作往往与身体预算被耗尽以及由此产生的焦躁、退缩或其他误解状态有关。太多的老师和其他人缺乏对于脑身联结的整合性的理解，也不明白这些“消极”行为在我们的安全探测系统感受到被威胁时所起到的自我保护作用。

如果你问一个孩子他有什么感受，而他能够用描述情绪的词语作答，那就太好了。当孩子能用某个词来笼统地表达自己的感受状态，很快他就能进一步增加细节，拓展自己的情绪词汇库。比如，孩子可能从“我感觉不好”发展成更加准确以及有区分性的表达，如“我感到害怕”“我感觉很难过”“我非常生气”。这就是我们在第 5 章中已经提到过的“情绪粒度”这个概念。这为我们打开了一扇大门，让我们可以就孩子的想法、他们所面临的问题以及他们试图要去解决的问题，进行无数次的对话。

但对于那些还无法将感受和词语相匹配的孩子来说，我们也有办法帮助他们。一个选项是给他们鼓励，并从你自身的经历中选取一个简单但客观的例子讲给他们听。比方说，如果你觉得你的孩子有些嫉妒，你可以说：“我有点好奇你现在有什么感受。我记得小时候我弟弟把我的玩具拿走的时候，我感到很嫉妒。”**有时候，和孩子联结，并且合理化他们的感受能够帮助孩子感受共鸣并且敞开心扉。**如果孩子看起来需要帮助，用更轻柔的方式回应会让孩子感觉更好，比如：“我有点好奇你现在是什么感受。你是不是可能为此感到难过，或者生气和挫败？”

米拉的父母在书中了解过给情绪贴标签的重要性，但是他们发现，当他们向米拉指出她在生气或发脾气的时候，她就会出现防御性的反应。比如，如果母亲说“哦，是的，弟弟惹你生气了”，会让米拉更加生气。“我没有生气！”米拉会这样说。虽然帮助孩子为情绪贴标签是一个很好的想法，但是当孩子还没能将基本的生理感受和情绪化的词汇完全联系起来，或当他们把消极情绪和羞耻感联系起来的时候，这样做很可能会适得其反，并且让孩子更加烦躁。让孩子们自己为自己的身体、情绪以及感受做出结论是很有帮助的。接下来，让我们探讨如何做到这一点。

如何跟孩子解释身体预算

我们希望孩子们尽量多待在绿色通路，而不是动辄就进入“非战即逃”的红色通路。为此，重要的是帮助孩子们发展出描述自身神经平台的语言，帮助他们寻找解决问题的方案，以便帮助他们理解自己的神经系统。我们如何才能做到这一点呢？

首先，我并不建议用我们在第 3 章中讲到的情绪通路的颜色概念来教会孩子了解自己的神经系统，虽然这些概念对成人很有用。我不会使用这些概念来教孩子的一个原因是，教育工作者经常使用颜色来追踪行为或者教孩子控制自己的行为。常见的行为规范表格就是一个例子。在某些系统中，绿色代表表现好，黄色是不太好，红色则是不好。很不幸的是，这些颜色表格会增加孩子的压力，因为他们代表了一种视觉上的威胁。孩子们可能会担心因为在全班同学面前“颜色降级”而带来尴尬。我在第 3 章中描述的自主神经通路的颜色编码和这些行为表格一点关系都没有。**我们希望孩子能平等地，而不是带着羞耻感地看待所有的感受和情绪，因为它们都是适应性的表现。**

为了给孩子们创造独特的成长体验，并教导他们在面对人生挑战时珍视身体所呈现出的各种状态，我提议采用一种新颖的方法。首先，我们应引导孩子学会健康地欣赏自己的神经系统，了解它是如何守护我们的。随后，基于自我评估，我们协助他们找到适合自己的应对方案。在此过程中，我们不追求华丽的辞藻，而是鼓励孩子们使用他们自己的语言，选择他们觉得最贴切的表达方式。

可以将以下脚本作为对话指南，向孩子们介绍神经系统。当然，你也可以根据孩子自身的发育阶段、语言和理解水平进行调整。准备一些纸张、蜡笔或记号笔，这样孩子就可以或画或写一些他们正在经历的事情，进而加强学习的效果。同时，不断地使用孩子熟悉的语言进行调整。

实践时刻 BRAIN-BODY PARENTING

帮助孩子欣赏自己身体的信号

从我们身体内部产生的感受和情绪是一种保护我们自己的方式，可以帮助我们保持平衡和健康的状态。还记得上周你去上足球课时迟到了那件事吗？当时我的声音很大吧？那不是你的错，是我太着急了，我自己的压力通过我的声音表现了出来。这是提示我需要慢下来的信号。还有上次我们一起做了饼干，然后一起看电影那次，你当时说你觉得特别开心呢。

我们的身体可以产生很多不同的感觉，所有这些感觉都是有用且重要的。想一想，我们的身体和心灵可以感受到的三种主要的感觉。第一种是平静，而当我们处在这种状态时，我们感觉快乐、舒适并且安全。你可以举一个让你有这种感觉的事例吗？你当时在做什么？你能用词语描绘出当你感到平静、舒适且安全的时候，你的身体是什么感觉，心里有什么想法吗？给予孩子充足的时间，然后让她和你分享自己的词汇。如果她想要把这个词写下来或者画出来也很好。

现在，让我们讲一讲人类的第二种感觉——躁动、害怕和生气。当我们有这种感觉时，我们可能会做一些出乎意料的事情，事后让自己后悔不已，比如打人或者推人，或说些难听的话。我们也可能会说一些让自己吃惊的话，或者做一些让自己吃惊的事。你能想出一个词语来形容自己在烦躁、生气或者想要从某个人或者某件事中逃离时，你的身体是什么感觉，心里有什么想法吗？你能把这个词语写下来或者画出来吗？

最后一种感觉是悲伤、孤独，或者迟钝。这时候，我们的身体不太想动，而我们对和朋友、家人一起干点什么，哪怕是好玩的事情，也提不起劲来。有时候，我们可能会感到自己被“冻住”，就好像我们的身体没办法动弹一样。你能想到你上次有这种感觉的时刻吗？你能用词语来形容当你感到迟钝、低落，或者不想和身边的人一起玩的时候，你的身体是什么感觉，心里有什么想法吗？把词语写下来或者画出来。

让孩子自由联想。你可以按照以下这样的提示来引导孩子了解混杂的情绪，比如说，“有时候，我们可能会感到害怕、害羞或者无地自容，却假装没事，但我们的内心其实很难受。你有没有过这样的感受？我漏掉了什么吗？你能告诉我，你的身体还有哪些感觉吗？”要有耐心，看看你们的对话会往什么方向发展。

通往自我调节之路

当孩子学会了观察自己的身体如何对外界做出反应时，他便能够独立完成或与你共同解决各种问题。当孩子能够觉察自己的神经平台正在变得脆弱时，他的自主能力将迈上一个新台阶。

要帮助孩子达到这一水平，我们可以采取一些方法。其中之一是，当你面对挑战或犯错时，向孩子展示你如何对自己保持同理心。另一个方法是，当你解决或面对作为父母难以避免的问题和挫折时，为孩子树立榜样，让他们看到你如何觉察并尊重自己的内在感受。

我们要让孩子看到我们能够感知并珍视作为人类所经历的多种感受，如平和可控的状态、强烈的情绪驱使下的行动状态、心神不宁的时刻，以及介于其中两者之间的所有状态。这样，孩子就会明白这些都是人类正常的情绪状态，没有好坏之分。这些状态是身体为了保护我们而可能出现的，哪怕情绪失控做了后悔的事，我们也可以道歉并修复关系。

我们可以教会孩子通过简单的对话来调节情绪，比如询问他今天过得如何，或者当他的身体出现变化时，询问他的感受。在这个过程中，孩子将逐渐培养起强大的自我调节和解决问题的能力。

从为情绪命名到解决问题

米拉的父母在家中帮助她学着去表达自己的情绪之后，米拉给我带来了一些她画的情绪画。她说，她知道自己经常有强烈的情绪，并且想要四处走动。尤其是当她放学回家，利奥追着她满屋子跑的时候，她很想要逃走。我让她选择一个词语来形容这种“非战即逃”的强烈感觉，她选择了“鞭炮”。她的画里全是红色和橙色的漩涡，表达的就是这种情绪。米拉画的另一幅有关难过、孤单或者迟钝的画里，她选择了“蜗牛”这个词来表达这种情绪。

米拉给我看的最后一幅画是她用来表达平静、舒适、安全的状态。她把它称为自己的“野餐”。画里有他们一家 4 口，坐在草地上，四周摆满了装着饼干的小盘子。她告诉我，和家人一起去他们最爱的公园就是她最开心的时刻。我也注意到米拉的父母在听到米拉的表达时，脸上露出了如释重负的表情。他们发现自己的女儿其实很爱弟弟，而弟弟也是她人生中重要且积极的一个部分。当然，有时候这个弟弟实在有点令人生厌。

当米拉这样的孩子学会描述自己的情绪转变时，我们就可以鼓励他们使用第 8 章中讲过的“共鸣与回应”的方法，进一步提高他们解决问题的能力，自己找到应对挑战的办法。

“我看到利奥飞快抢走了你的纸，然后跑了。哦，天哪！”当米拉的父亲这么说的时候，米拉立刻感到共鸣，说：“是的！他就知道抢我的书包！”

接下来，鼓励孩子描述自己刚刚的经历。共鸣的目的是给孩子一个机会讲述自己的感受，让你了解他们的思考过程，并独立地谈论他们自己的感受。你可以问一个简单的开放性的问题，像是“那这件事让你有什么感受”或“那你的身体有什么感觉”。

如果孩子使用了某个词语，或者画了一幅画，来描述自己的感受或心情，那么他们正在为情绪命名，这就是成功的开始。也许，你的孩子会用你们一起想到的某个特别的词来为这个情绪命名。任何词，像是发狂、挫败、开心、兴奋、难过、燥热、尴尬、害怕，都在告诉我们，孩子正在使用情感交流，而不是通过打人或者抢东西的动作来进行表达。如果这个词反映的是非常原始的情绪，也没有关系。父母可以帮助孩子用自己的词语来接纳那些感受。

如果孩子没办法想出某个词或者形容的方式，也没有关系。他可能会做出某个表情，你完全可以对这个表情做出共鸣。或者，你也可以给出几个情绪词作为参考，比如“我在想，这件事是不是让你感到挫败？或抓狂？”，看看孩子如何反应。别太快为孩子的情绪贴标签，因为这可能会让他们启动防御模式，甚至变得更加烦躁不安。因此，放慢脚步，慢慢推进。然后，尽量帮助孩子更加具体地描述他所经历的事情，帮助他增加描述体验的词汇量。比如，如果他说“我感觉不舒服”，他具体表达的是什么意思呢？是生病了，生气了，挫败了，尴尬了，还是内疚了？这些词汇越具体，孩子的情绪粒度就越高，而他用来处理情绪的工具箱里的工具也就越丰富。

随后，我们就可以邀请孩子通过主动回顾或反省某个问题，进而为未来解决问题做出准备。你可以说：“我想知道下次你会做些什么？”带着耐心，如果孩子只能想到一个方案，或者是一个你认为不理想的解决方案，不要纠正他们，而是通过提出反思性的问题来引导他们，比如：“你还有没有其他想法，可以帮助我们解决这个问题呢？”如果孩子的态度是开放的，你就可以继续和他一起探讨这个问题。

如果这个方案是孩子自己想出来的，他去实践的可能性就会高很多。尽量不要用自己的想法来帮助他们解决问题，除非孩子让我们帮忙，或者需要我们的一些建议作为脚手架，进而帮助他们找到自己的解决方案。那时，和孩子一起解决问题就很合适了。

米拉：用头脑来解决问题

在某次咨询中，我鼓励米拉思考，当利奥抢走她的东西的时候，她能做些什么。现在她已经能够通过自我觉察以及她自己新增的情绪管理工具来进行自我调节，她还需要找到在自己经历“鞭炮”或者“蜗牛”状态的时候，能去采取的具体行动。也就是说，她需要自己想到解决问题的方案。心理学家罗斯·格林鼓励父母和孩子进行联结，去发现孩子看待世界的角度，并成为一起解决问题的合作者。仅仅是让孩子自己尝试解决问题，并且看到他们对问题的想法，就已经可以产生巨大的益处，这一点在米拉身上表现得十分明显。

米拉感到了我的鼓舞，想出了一个长长的行动清单。她问：“你的意思是说，当利奥调皮捣蛋的时候，我该做点什么，是吗？”很显然，她现在能够从弟弟的角度以及自己的角度来分析这个情况。她的想法有：她可以坚决地向利奥解释书包是她的东西，而不是他的；她可以一回到家就立刻找爸爸妈妈，把书包交给他们当中的一个人；她也可以把书包留在车里，让妈妈晚一点再拿回家。让米拉父母喜出望外的是，她想出来好多有创意的解决方案。这就是我所说的：灵活性。她在自己解决问题的工具箱中加入了很多新工具，而她现在也能更好地管理自己的身体预算，并朝着拥有更多的心智灵活性和韧性的方向前进。最后，这次咨询最令人开心的事情发生了：米拉自己宣布，为了避免利奥把她的画抢走，她决定把画贴在墙上。这是那天早些时候，她自己想出来的方法。

米拉的举动表明，她在思考如何果断并且积极地去解决她和弟弟之间的矛盾。她的爸爸妈妈赞赏了她的创造力。在接下来的时间里，米拉使用了新的策略，并且在父母的支持下，他们姐弟之间的冲突明显减少。当然，也不是说他们完全不吵架。就像我对米拉父母解释的那样，兄弟姐妹或者其他人际关系，都会存在一定的冲突与和解，这是我们发展社交问题解决能力和自我主张能力的机会。父母要做的是让孩子们自己解决冲突，而不是过早地干预。

同时，父母要把每个孩子视作独立的个体，并去理解他们之间复杂互动的原因。我们发现，米拉和利奥都需要一些练习和支持来实现自我调节和自我表达。几个月以后，米拉的父母表示，现在家里的姐弟矛盾已经控制在可容忍的范围之内了。事实上，这对姐弟最近能更好地协作一起游戏，而他们家的老三马上就要出生了呢！

培养韧性的建议

游戏是培养孩子情商和亲社会大脑的绝佳途径。我们不仅能向孩子展示和传授神经系统如何以多种方式保护我们，为我们带来各种感觉，还能引导他们将这些感觉与基本情绪联系起来，并找到相应的词语来表达。这样一来，孩子们便能更灵活地应对各种挑战，因为他们能够更好地管理自己的情绪，同时也在不断丰富自己解决问题的工具箱。

BRAIN-BODY PARENTING

第 10 章

给孩子持续的幸福

身体的体验是形成我们情感记忆以及人际关系的重要基础

我的人生使命，不仅仅是生存，而是要活得精彩；并且要带着一些激情，一点同情心，一丝风趣和一种风格。

——玛雅・安吉罗（Maya Angelou）

在成为母亲之前，我就是一名心理咨询师了。初为人母时，我不仅有着过硬的理论知识，还有 5000 小时的咨询实践的加持。我的自信心过于膨胀，以为自己已经掌握了世间所有难题的答案。但养育自己孩子的经历却教会我，为人父母并不存在完美的标准答案，而这也是我扮演过的最困难也最有意义的角色。

说实话，在我刚刚成为母亲的那个时候，我并不总是感到开心或者保持积极向上。虽然我对孩子们的到来、丈夫的支持和成就感满满的事业充满了感激之情，但当妈妈可不是什么轻松的差事，我的一天经常是从起床的那一刻起就在给自己进行心理建设，说服自己保持快乐。我常常感到精疲力竭、力不从心，却也在尽力享受和珍惜为人父母的日子。现在回头看，我知道是我选择了那份忙碌的生活，并尽我所能。

有些育儿的记忆，现在想起来仍然会让我笑容满面。其中，最珍贵的一段记忆发生在一个温暖的春日，我的女儿们放假在家中。我看着她们轮流荡秋千。我先生把秋千挂在我们刚搬进的新家的院子里一棵高大的梧桐树上。我拧开了水龙头，拿着水管给树浇水。一个女儿跑过来，问我敢不敢用水喷她。我试了试，拿着喷头瞄准她，而她咯咯地笑着跑走了。另外两个女儿也过来，一起在土地上跑来跑去，土地很快变成了泥巴。我也很快意识到场面有点失控了，不久大家都变成了泥人。

平时，我是个爱干净的人，当时家里还堆着一筐脏衣服。但是在那个瞬间，我心底里的那个孩子冒了出来。某个随性的想法涌上心头，我大喊："来洗个泥巴澡吧！"我挖了些泥巴放在手心里，朝女儿们扔过去，她们也加入了战局，随即一场"泥巴大战"开启了。很快，我们 4 个人就裹满了棕色的泥巴，头上、脸上、脚趾间已经快看不出原来的样子。我感到自己好像又回到了 10 岁，开心而又愉悦地和孩子们共享那一刻的美妙。

怀揣着这份珍贵的回忆，我开始好奇，人们的童年都有哪些珍贵的回忆。在工作中，我听到更多的是他人讲述自己面临的问题，而不是快乐的时光。毕竟，人们看心理咨询师不是为了诉说自己生活里顺利的部分。但我想知道，哪些童年的回忆会在很多年之后仍然对人们有着举足轻重的意义。所以，我做了一项调查，向几百个 5 ～ 88 岁的孩子和成人问了这个问题：你最珍贵的童年回忆是什么？

试一试

在继续阅读以下内容之前，请你花一点时间，也回答一下这个问题。把你想到的第一件事写下来。如果你没有最珍贵的回忆，或者你的童年没有什么快乐的回忆，请给自己一些关怀。你可以写下任何让你感到开心的回忆或者想法。让我们看看你的回忆和我调查收集的答案有没有相似之处。

以下是参与这项调查的人们与我分享的他们最珍贵的童年回忆：

- “和爷爷奶奶坐在外面吃一块大西瓜。我还记得西瓜汁滴得我满身都是。”
- “在密歇根湖和家人一起共度的那一周，我们从炎热的沙丘冲进凉爽的湖水里。”
- “和姐姐在森林里玩儿，坐在父亲的腿上，和母亲聊了很久的天。”
- “父亲出差很久后回到家的那一天。他以前是一名飞行员，身上总带着飞机机油的味道。闻到这个味道就让我开心。”
- “和爷爷一起去蛋糕房买奶油泡芙的时候。”
- “和爸爸妈妈在雪地里行走的时候，被他们紧紧地、温暖地抱在怀里。”
- “我们在虎鲸岛上摘了一天的黑莓，然后一起做黑莓果酱和黑莓派的那一天。”
- “有一次和家人一起露营，整个星期都下着滂沱大雨，我们得一直待在帐篷拖车里。爸爸妈妈教我们玩了数不清的纸牌游戏，我们一起看书，在燃气炉上烤棉花糖。”

- “坐在奶奶身旁，玩儿她松弛的皮肤，让它们在我手中弹上弹下。以前，我时常依偎着她，一边听她讲故事，一边这么做。”
- “夏天在爷爷奶奶在山里的农舍中度过的时光。被子上淡淡的樟脑丸的气息，我光着脚丫在光滑的地板上瞎踩，晚上听着壁炉里噼里啪啦的声音，看着田地里的萤火虫，还有我进入梦乡时蟋蟀的叫声。”
- “我三四岁的时候，母亲会在休息时到幼儿园接我，我们一起去咖啡馆，分享一个肉桂面包。”

不同的回忆，类似的主题

如此之多的回应，好像我自己“泥巴澡”的回忆一样，都有着类似的主题，这一点让我震惊。几乎所有的回忆都包含了某种感觉和体验，与舒缓、有趣或放松的活动记忆融合在一起。甜美多汁的西瓜、炎热的沙丘、父亲飞行制服的气味、奶奶胳膊的触感等。这些都指向了一个鲜明的公式：**几乎所有这些记忆，都是与所爱的人共享的某件事，而它们全都伴随着身体上的感觉体验，而这些体验可以给人带来安全感和愉悦感。**

令我惊讶的是，人们分享的回忆充分反映了这本书中所表达的重要观点：身体的体验是形成我们情感记忆以及人际关系的重要基础。

这么多的回忆都与安全、踏实、敏锐、舒适、新奇或令人兴奋的重要关系和活动有关，其实是有其背后的道理的。当我们得到社交关系的支持时，我们能够最有效地接收信息。在这种模式下，我们的身体最能接受新的体验，因此我们的记忆也会停留在那些让我们体验到新奇感的瞬间。没有人童年最珍贵的记忆是每天穿好衣服去上学。

除人际关系的重要性之外，很多回忆还有另一个共同点：舒适。幸福研究所（Happiness Research Institute）的首席执行官迈克·维金（Meik Wiking）曾写道："和他人共度的时光会创造出一种温暖、放松、友好、踏实、亲密、舒服以及受欢迎的气氛。从很多方面来说，这就像是一个美好的拥抱，只不过没有肢体上的接触而已。在这样的情境中，你可以完全放松地做自己。"

维金的这番话也适用于我自己最美好的童年回忆：每天下午，和奶奶一起坐在大树下玩桌游、喝茶、吃饼干，或坐在我的床边听她讲她小时候的故事。有时候，当我们一起度过某个特别的时刻，奶奶的脸上会浮现出一种满足的神情，然后她会用荷兰语说 gezellig。我知道这个词表达了某种非常好的意思，但我一直不知道它确切的含义，直到很多年以后，我才明白什么叫"舒适地和他人在一起"。很显然，很多不同的文化都有相似之处："舒适"这个词的英语表达是 cozy，丹麦语表达是 hygge，荷兰语表达是 gezellig，都是令人愉悦的意思，也都是把"幸福"这个概念与同自己亲近的人共享身心联结的时刻联系起来的词语。

这也是近年来兴起的积极心理学运动想要传递的信息。这个运动从"如何创造幸福以及对生活的满足感"这个问题开始，而它也影响了积极养育运动。

积极养育运动

心理学领域经历了 4 次主要的发展阶段。前两个阶段是从专注于诊断和治疗精神障碍的“病理”模型，也就是从弗洛伊德所在的早期阶段，到 20 世纪中叶由心理学家斯金纳拥趸的行为主义。斯金纳相信，所有人类的行为都可以通过奖赏、处罚或后果来加以改善。第三个阶段是与卡尔·罗杰斯（Carl Rogers）和亚伯拉罕·马斯洛（Abraham Maslow）紧密相关的人本主义心理学。他们强调人的潜力、尊严和整个人的积极方面。而第四个阶段则是在人本主义心理学影响之下出现的积极心理学运动。它源自对幸福的追问，也激发了新一代的积极养育方法。

心理学家马丁·塞利格曼（Martin Seligman）① 被认为是积极心理学的创始人。他起初研究的是“幸福”，认为幸福是测量人生满意度的最佳指标。在20世纪90年代末，塞利格曼在担任美国心理学会主席期间，选择了将“幸福”作为主题，这个术语也因此流行起来。但是，塞利格曼却在他的研究中遇到了难题。他和其他研究人员发现，当你在调查问卷中问人们对生活是否满意时，他们的答案取决于他们填写问卷时的当下感受。如果被试当时心情愉悦，他就会给自己的生活满意度打高分；而如果那个时候他感到心情低落，那么他的满意度也会随之下降。很明显，研究人员所测量的不是人们对生活的满意程度，而是他们当下的心情。正如我在本书中所描述的那样，我们现在能把这些基本的感受视作反映我们神经平台身体预算余额的收支表。

① 马丁·塞利格曼是美国知名心理学家、积极心理学学派创建人。其著作《活出最乐观的自己》《真实的幸福》等“塞利格曼幸福四部曲”中文简体字版由湛庐引进、浙江教育出版社出版。——编者注

从脑身联结的角度来看，这种现象很容易理解：我们的身体不断地为我们提供信息，而我们会利用这些信息来理解自己好的或坏的感受。意识到这个问题之后，塞利格曼从研究幸福转而去关注更加包罗万象的概念：幸福感。

塞利格曼从测量幸福转而去研究“持续的幸福”，一种更深层次的幸福感包括快乐等积极情感以及其他元素。他将这些元素归纳在PERMA模型中：积极情绪（Positive emotions）、投入感（Engagement）、人际关系（Relationship）、意义（Meaning）以及成就（Accomplishment）。PERMA模型成为塞利格曼测量幸福感的方法。塞利格曼说，其中的每一个元素都和幸福感紧密相连，但任何一个单一的元素都不足以定义幸福。积极的情绪，像是开心、敬畏、善良、愉悦和同情，都让我们感到幸福。而投入感，那种全身心投入某个活动中只为享受的感觉，也让我们感到幸福。在积极心理学中，这个状态被称为心流。① 当你完全投入某个活动甚至忘了时间的时候，人们可能会说你“进入状态”了。模型中的另一个元素是人际关系，它是幸福感的根基，因为人际关系可以改善健康，尤其是积极的人际关系，还能增强我们的身体预算。塞利格曼发现，健康的人际关系能够帮助我们找到生命的意义和目的，让我们拥有成就感，并觉得我们做的事情有意义。总而言之，持续的幸福是一种广义的幸福观，虽包括幸福，但远不止于此。

① “心流”是指一种身心完全投入的状态，给人带来极大的满足感和成就感，被认为是一个人最强大的创造力源泉之一。由积极心理学大师米哈里·希斯赞特米哈伊提出，他在《创造力》一书中潜心研究了91位创新者的心流体验，总结出创造力产生的运作方式。该书中文简体字版已由湛庐引进，浙江人民出版社于2014年出版。——编者注

积极的童年，持续的幸福

作为父母，这听起来像是不错的目标，不仅仅是追求瞬间的快乐，而是去发现我们和孩子茁壮成长并持续幸福的秘诀。为此，我们并不需要为孩子安排那些特殊的经历或体验。如果你曾试着为孩子创造某种惊喜时刻，像是为孩子筹办一场生日派对，你就明白我在说什么了。有时候，我们太想给孩子一些特别的经历，结果过高的期望反而带来更多的紧张和压力，而非快乐。当我第一次为女儿的睡衣派对做准备的时候，我就明白了这一点。派对对她来说强度太高了，以至于她从她最好的 10 个朋友身边逃走，哭着跑来我的房间。有时候，我们很努力，却事与愿违，适得其反。

为了帮助孩子们拥有持续的幸福，我们需要少一些计划，多一些放松，并且意识到我们作为父母并不需要这么努力。有时候，最好的方式是把注意力放在关照孩子的身心和我们自己的身心上。然后，带着觉察享受那些自然而然从我们健康的身心中生发的喜悦和舒适的时刻。

在我对童年回忆进行的非正式的调查问卷中，有许多时刻都反映出一种满足感、安全感和自发的感觉，而不只是强烈的感情。没有人提到昂贵的、精心策划的活动。相反，他们描述的都是一些让他们感到安全、自在，并经常为简单而深刻的日常体验所震撼的时刻。

这些回忆不仅包含了强烈的情感，还具备了持续幸福的元素。这些回忆还融入了心流，带有一种超越时间的特质。人们怀着温柔和崇敬的心情，保留了这些回忆，有些人甚至在几十年后还保留着这些回忆。这样的事实表明，这些回忆具有特殊的意义或一些新奇之处。

在我调查的回忆中还有一些其他共同特征。几乎所有的回忆都与亲情相关：与父母、兄弟姐妹或表兄弟姐妹、祖父母或朋友们共度的时光。这些回忆还包含感觉方面的体验：食物的气味或味道，看烟花，感受小草、雪花或雨滴。还有很多回忆包含了可预测的让人有安全感的规律，比如在家庭农场里的聚会、暑假活动、节日活动、烘焙等。这些恰好都是我在本书中讲述过的，能够帮助我们培养韧性。

我和孩子们洗“泥巴澡”的回忆也包含了持续幸福的各个方面：积极的情绪，比如当时的欢愉、恣意和心流，比如我当时都忘了时间以及意义。这份回忆甚至还给了我一种成就感，因为对于有洁癖的我来说，不计后果地任自己在这么脏乱的瞬间进行游戏，也是自我成长的一部分。在我的“母亲生涯”的巅峰时刻，我和孩子们都绽放了，欢笑围绕着我们，阳光洒在我们的肩膀上，而泥巴则在我们的脚趾间歌唱。

回忆这些童年的故事，我们能从中学到什么呢？首先是给孩子减轻压力的重要性。压力会消耗我们的身体预算，而接纳则会为身体预算充值。在本章的最开始，当我让你回忆最珍贵的童年时，如果你一个都想不出来，也很正常。在我的调查中，一些人告诉我，他们没有积极的童年回忆，而另一些人则只能与我分享一个积极的回忆。如果你也是这样，我希望我在本书中分享的信息和观点，即创造新的体验的力量，能给你一些安慰。在我的职业生涯中，我见证了无数人在经历创伤甚至无法想象的悲剧后，重建自己的生活。我也对人类疗愈自身和继续向前发展的能力有着极为深刻的敬畏。我明白为人父母对每个人来说都不容易，尤其是在疫情之后，但是我仍然心怀希望。

我也希望阅读这本书能让你更加深刻地去理解并关怀为人父母的自己。我希望作为父母，你能对自己有更多的信心，做你需要做的事情，而不是别人认为你应该做或者你看到其他父母在做的事情。那些为孩子培养韧性的互动，对你来说也应该是一种滋养。你的幸福和安康，也很重要。

考虑以下建议，可以让你在家庭生活中增强舒适度和温馨感。它们能够帮助你和孩子一起持续地幸福。这并不是一个"待办清单"，而是一系列你能够根据自己的家庭、孩子以及你自身独特的情况进行个性化调整的建议。

把关系当成最重要的事：你需要意识到其他人在你和孩子的生命当中有多重要。我们都是社会性生物，即便培养和维护关系会让你感觉力不从心，但与那些你爱的人保持联系为你带来的滋养，从长期来看却大有裨益。它能让你和孩子有规律地进行安全、有趣、可预期的社交体验。试着让亲人、祖父母、叔叔阿姨以及亲密的朋友加入你的生活。当然，他们得能为你带来积极和健康的影响。因为与他人的关系，以及人与人之间那种归属感，是你和孩子能拥有的最好的盟友。

追寻心流：记住，心流是持续幸福的驱动力，而不仅仅是"幸福"。所以，偶尔允许自己和孩子一起做些让你们忘却时间的事情，即便是几分钟也好。放下你的防备，允许自己破坏某些规则，忘了你永远也做不完的"待办清单"，随性而为，跟随孩子的引领。这么做可能会让你拥有一份珍贵的回忆。只有你体验过心流状态，你才知道它是什么。

在日常生活中寻找联结的瞬间：为了和孩子拥有联结的瞬间，你并不需要特地为此去创造新的特殊的经历。日常活动，像是吃饭和洗澡的时间，就是天然的亲子共处的舒适机会。虽然计划、准备以及收拾碗筷会让晚餐感觉像是一件烦琐的家务活，但这也是一次让我们获得嗅觉、味觉、听觉和视觉等多重感官体验的机会，带着你的爱与投入活在当下，这样孩子也能把愉悦的感觉和吃饭联系起来。别太关注"究竟吃了什么"这样的结果，慢下来，和家人一起享受共进晚餐的时刻。如果你喜欢音乐，播放一些轻柔的音乐，或和孩子在地上野餐，而不是把他们喂饱了之后自己再去囫囵吃些什么。咀嚼每一口食物的时候，也享受孩子坐在你身边的感觉。

如果孩子已经长大，你也可以考虑加深你们的用餐体验：你可以问问他当天有什么难忘的事情，或让他感觉很好或不适的事情。给每件事同等的重视，这会告诉孩子你并不只想他报喜不报忧，你也想聆听他的消极情绪，因为它们同等重要。如果孩子不想交谈，也没关系。在当下给予陪伴并保持一颗开放的心。和另一个人在没有评判的安全感中共处，这本身就是件有力量的事。

时不时增添一些有趣、安全、不可预知的瞬间：虽然人类喜欢可预测的事情，但我们却更善于记住新鲜事儿。所以，你可以在孩子的一天生活中，适当添加一些乐趣。比如，让孩子的泰迪熊握住苹果坐在厨房里，然后观察孩子第二天早上发现它时的神情。"你的泰迪熊昨天晚上做什么了？"或者给你 6 岁孩子的煎饼里面加些绿色的食用色素，当你面带微笑地把煎饼端到他面前时，看着他脸上的表情。当然了，如果你的孩子眉头深锁或不为所动，这仍然不妨碍你用爱和温柔与他进行共同调节。记住，尊重每个孩子对世界的感知，并且在他们觉得安全和有趣的范围内，为他们引入一些新奇的事物。

增加一些“舒适因子”：我们已经发现人们普遍喜欢舒适和联结，这会带来舒服的感觉。你可能需要探索让你的孩子和家人感到舒适的事情。有可能是在暖和的毯子下一起抱作一团，或一起喝碗美味的汤，坐在柴火烧得噼里啪啦响的炉火旁取暖，或在走道或屋顶上躺着看飞机或云卷云舒。当这些事情发生时，你会感受到这种感觉，因为这种感觉源于安全和联结。机会就在身边，随时可以抓住，它并不需要你花费很多时间，几分钟甚至几秒钟足矣。

怎样才能让忙得脚不停蹄的父母开始做这些事情呢？觉察和陪伴即可，虽然在养育孩子的过程中，可能不容易做到。如果你感觉无法做到这些，就好像我在孩子们年幼时时常经历的那样，也没有关系。自我关怀是我们的盟友，是温暖我们自己的毛毯，替我们抚平所有父母偶尔都会经历的那些自我怀疑。**我们每一天和每一瞬间都在自己的能力范围之内尽了最大的努力，这就足够了。**

成为父母，意味着我们踏上了一场英雄之旅。这是一段充满不可思议的挑战和高强度压力的旅途，因为旅途中充满艰难险阻。当你感到快要撑不下去的时候，如果你能坚定地保持自我关怀，你就为自己和孩子找到了那条舒适而又抚慰人心的“毛毯”。祝愿你和家人之间能够拥有很多这样温暖而又充满联结的瞬间，持续地幸福，直至一生。

术语表

BRAIN-BODY PARENTING

自主神经系统（Autonomic Nervous System, ANS）：神经系统中的一部分用于调节我们意识之外的内脏器官。这个系统包含两个分支，即交感神经和副交感神经。

蓝色通路（Blue Pathway）：描述自主神经系统副交感神经的背侧迷走神经通路的术语。

身体预算（Body Budget）：大脑将能量资源分配到身体中的方式，其科学术语是应变稳态。

情绪粒度（Emotional Granularity）：描述个体构建更具体或不太具体的情绪体验和感知的能力。

绿色通路（Green Pathway）：描述自主神经系统副交感神经的腹侧迷走神经通路的一个术语，也被称为多层迷走神经理论中的社会参与系统。

内感受（Interoception）：一种内在感觉，可以提供身体器官、组织、激素和免疫系统信息。

内感受知觉（Interoceptive Awareness）：觉察或意识到来自身体器官、组织和免疫系统的感觉。

神经感知（Neuroception）：斯蒂芬·波格斯博士提出的一个术

语，指的是潜意识对安全和威胁的感知。

神经平台（Platform）：身体与大脑之间联系的简称，或者说是我们身体的生理状态。我们从来不只是“身体”或者“大脑”，始终是二者兼而有之。神经平台受自主神经系统状态的影响。

多层迷走神经理论（Polyvagal Theory）：1994 年，由斯蒂芬·波格斯博士引入，将哺乳动物自主神经系统的进化与社会行为联系起来。该理论的主要前提是人类需要安全，而我们的生物机制已经进化出一种保护性的系统来确保我们的安全。

红色通路（Red Pathway）：用来描述自主神经系统中引发“非战即逃”反应的交感神经通路的术语。

安全系统或安全探测系统（Safety System or Safety Detection System）：即神经感知的简化术语。

致 谢

BRAIN-BODY
PARENTING

我深深感激那些在我生命中留下足迹的人们，正是他们的陪伴促成了这本书的诞生。首先，我要感谢所有曾经陪伴我的孩子、父母和家庭。从你们身上，我学到了希望、勇气和爱，你们教会了我关系和韧性的重要性，这比我在学校里学到的更多。

在我写这本书的过程中，我的母亲给予我最多的支持。我们无数次的通话给了我巨大的力量，让我有了巨大的信心将这些理念与家长分享。这本书毫无疑问就是献给她的。

我的朋友，也是我的编辑汤姆·菲尔兹-迈耶（Tom Fields-Meyer），他才智过人，让我的想法如同插上翅膀般飞翔，能够拥有一位如此志同道合的编辑是我的荣幸。我的第一位写作教练特雷莎·巴克（Teresa Barker），在教我写书技巧的同时，细心地呵护了我的梦想。我的责任编辑利娅·考德威尔（Leah Caldwell），巧妙地整理了我超过三百条的注释和无尽的参考书目，使这本书最终呈现出通俗易懂的样子。

我的代理人埃米·休斯（Amy Hughes），从一开始就深刻理解我和我的理念，一直是我灵感和鼓励的源泉。言语无法表达我对她的智慧和关心的感激，不仅仅是对这本书，也包括对我的个人和职业生涯。

由琳达·杰克逊（Linda Jackson）和卡森·莫尔斯（Karsyn Morse）领导PESI出版社的整个团队，他们出色的工作，让我的前两本书得以顺利出版。其中一本书——《超越行为》为本书奠定了基础。PESI出版社的人们对我来说就像家人一样。《心理治疗者网络》杂志的扎卡里·泰勒（Zachary Taylor）和利维娅·肯特（Livia Kent）一直对我的工作非常支持，所有心理健康领域的从业者也都受益于你们勇敢的探索。

我很高兴本书由哈珀·韦伍团队出版。与编辑朱莉·威尔（Julie Will）和助理编辑埃玛·库珀（Emma Kupor）合作是一段非常快乐的日子，她们对我的支持与回应让这一过程非常顺利。我要感谢哈珀·韦伍的出版商卡伦·里纳尔迪（Karen Rinaldi）、高级制作编辑戴维·科拉尔（David Koral）、市场部的布赖恩·佩林（Brian Perrin）和劳拉·科尔（Laura Cole）、公关部的莱斯利·科恩（Leslie Cohen）、设计师埃莉娜·科恩（Elina Cohen）以及封面设计师米兰·博齐奇（Milan Bozic）。团队中的每一个成员都为本书最终问世做出了贡献。

我非常感谢泽科传媒团队的战略帮助和精神支持：尼科尔·威廉姆森（Nichole Williamson）、悉尼·潘特（Sydney Panter）、梅西·皮特斯（Macey Pieterse）和梅拉妮·克洛斯（Melanie Cloth）。

我从塞雷娜·维德尔（Serena Wieder）那里学到了很多以关系

为核心的咨询实践经验，她的毕生工作对我如何支持儿童和家庭产生了深远影响。我从她和里基·鲁滨逊（Ricki Robinson）、吉尔·福利（Gil Foley）等人身上学到了很多。感谢莫妮卡·奥斯古德（Monica Osgood）和 Profectum 基金会的全体教职员工对我的持续支持，以及他们在将关系实践带给世界方面所做的工作。

我将永远感激斯蒂芬·波格斯，他对自主神经系统的见解正在改善人们的生活和心理范式，难怪他的工作常被称为“充满爱的神经生物学”。感谢他多年来阅读我的作品并提供建议，支持我将他的理论转化为临床实践和育儿方法。我也很享受我们一起进行的对谈活动。

我还要感谢神经科学领域的专家们，他们是我愿意不远万里跨国咨询的人，幸运的是，他们恰巧就住在洛杉矶，我的家附近。感谢这一领域的先驱康妮·利拉斯在神经关系领域的毕生工作，以及她将神经科学引入临床实践的勇气。玛丽莲·梅尔（Marilyn Mehr）博士帮助我在职业早期的医疗领域中找到了自信的声音。当我开始进入发展心理学领域时，玛丽·坎内·波尔森（Marie Kanne Poulsen）慷慨地为我打开了洛杉矶儿童医院的培训大门。发育儿科医生戴安娜·丹尼斯（Diane Danis）帮助我理解每个我们一起治疗的孩子的大脑和身体。语言病理学家艾米·约翰逊（Amy Johnson）、职业治疗师苏珊·斯皮策（Susan Spitzer）、凯特·克劳利（Kate Crowley）、物理治疗师玛格丽特·莫蒂摩尔（Margaret Mortimore）和职业治疗师阮天依（Uyen Nguyen）是我这些年来与许多家庭一起工作的好搭档。我还要感谢我们地区优秀的关系支持机构，由我珍视的同事戴安娜·卡利南（Diane Cullinane）、安德烈亚·戴维斯（Andrea Davis）和本·拉塞尔（Ben Russell）领导。我很感谢我的同事蒂娜·佩恩·布赖森（Tina Payne

Bryson），她是加州帕萨迪纳市的又一颗闪亮之星。我很享受我们一起共进午餐和晚餐的时光，当时她正在帕萨迪纳建立跨学科团队实践。

最近，我的“内感受组”朋友埃拉、凯莉、安妮·玛丽、阿曼达、南希、蕾妮和妮娜一直是灵感和知识的来源，与他们的讨论正在改变我对情感处理和自我调节的看法。

我很幸运拥有兄弟姐妹及其伴侣格伦、沃伦、汉克、安娜、KK 和凯文，无论时间或距离如何分隔，我都能感受到他们的爱。格伦，你是我的得力助手和心灵支柱；汉克，你延续了家庭的慷慨传统；KK，没有人能与我们分享那段神奇的童年岁月。感谢我的爸爸道格和婆婆简，他们总是关心我的工作进展，以及德拉胡克大家庭的所有成员。我也对所有的侄子侄女们心怀感激和喜爱，他们正踏上属于自己的独一无二的成人旅程。

没有亲人的关爱和关心，我无法完成这项工作。这些年来，与他们共享的聚餐时光、电话交谈、短信沟通、互送的礼物和真挚的情谊一直是我坚持下去的动力：米拉、文森特、乔、莉萨、辛迪、加思、贾米、乔丹、布里吉塔、奥尔佳、迈克、斯蒂芬、萨莉、特里、苏珊、博、卡伦、罗恩、莉安、黛安娜、弗雷德、比尔、卡门、凯西、欧内斯托、珍妮 - 安妮、雅蒂迪、玛丽、雷、洛德丝、莱克和汉妮克。

我要感谢我的女儿妮基、肯德拉和阿莱克萨，以及女婿泰勒。你们是我最好的老师，我从你们每个人身上都学到了很多。感谢你们成为勇敢的人，并在即使不舒服的时候继续帮助我成为最好的母亲。

最后，我要感谢我的爱人斯科特，我永远的伙伴和养育路上的好搭档，他总能在我在酒店大堂迷路时帮助我找到方向。这本书属于我们俩。我还要感谢我生命中的小灯泡斯凯勒，奶奶爱你，让我们继续愉快地玩耍下去吧。

未来，属于终身学习者

我们正在亲历前所未有的变革——互联网改变了信息传递的方式，指数级技术快速发展并颠覆商业世界，人工智能正在侵占越来越多的人类领地。

面对这些变化，我们需要问自己：未来需要什么样的人才？

答案是，成为终身学习者。终身学习意味着永不停歇地追求全面的知识结构、强大的逻辑思考能力和敏锐的感知力。这是一种能够在不断变化中随时重建、更新认知体系的能力。阅读，无疑是帮助我们提高这种能力的最佳途径。

在充满不确定性的时代，答案并不总是简单地出现在书本之中。“读万卷书”不仅要亲自阅读、广泛阅读，也需要我们深入探索好书的内部世界，让知识不再局限于书本之中。

湛庐阅读 App：与最聪明的人共同进化

我们现在推出全新的湛庐阅读 App，它将成为您在书本之外，践行终身学习的场所。

- 不用考虑“读什么”。这里汇集了湛庐所有纸质书、电子书、有声书和各种阅读服务。
- 可以学习“怎么读”。我们提供包括课程、精读班和讲书在内的全方位阅读解决方案。
- 谁来领读？您能最先了解到作者、译者、专家等大咖的前沿洞见，他们是高质量思想的源泉。
- 与谁共读？您将加入优秀的读者和终身学习者的行列，他们对阅读和学习具有持久的热情和源源不断的动力。

在湛庐阅读 App 首页，编辑为您精选了经典书目和优质音视频内容，每天早、中、晚更新，满足您不间断的阅读需求。

【特别专题】【主题书单】【人物特写】等原创专栏，提供专业、深度的解读和选书参考，回应社会议题，是您了解湛庐近千位重要作者思想的独家渠道。

在每本图书的详情页，您将通过深度导读栏目【专家视点】【深度访谈】和【书评】读懂、读透一本好书。

通过这个不设限的学习平台，您在任何时间、任何地点都能获得有价值的思想，并通过阅读实现终身学习。我们邀您共建一个与最聪明的人共同进化的社区，使其成为先进思想交汇的聚集地，这正是我们的使命和价值所在。

浙江省版权局图字：11-2024-331

图书在版编目（CIP）数据

不安的孩子 /（美）莫娜·德拉霍克著；李晨，戈云译. —杭州：浙江科学技术出版社，2024. 10.（2025.6重印）
ISBN 978-7-5739-1494-1
Ⅰ. G78
中国国家版本馆 CIP 数据核字第 2024KT1408 号

书　名	**不安的孩子**
著　者	[美]莫娜·德拉霍克
译　者	李　晨　戈　云

出版发行	**浙江科学技术出版社** 地址：杭州市环城北路 177 号　邮政编码：310006 办公室电话：0571－85176593 销售部电话：0571－85062597 E-mail:zkpress@zkpress.com
印　刷	天津中印联印务有限公司

开　本	710mm×965mm　1/16	**印　张**	18.75
字　数	302 千字	**插　页**	1
版　次	2024 年 10 月第 1 版	**印　次**	2025 年 6 月第 3 次印刷
书　号	ISBN 978-7-5739-1494-1	**定　价**	99.90 元

责任编辑	余春亚	**责任美编**	金　晖
责任校对	张　宁	**责任印务**	吕　琰